The Switching Hour
Kids of Divorce Say Good-bye Again

이혼 가정의 자녀들을 위한 영적 돌봄
아빠, 엄마 너무 힘들어요!

에번 O. 플레스버그 지음
장보철 옮김

기독교문서선교회

기독교문서선교회(Christian Literature Center: 약칭 **CLC**)는 1941년 영국 콜체스터에서 켄 아담스에 의해 시작되었으며 국제 본부는 미국의 필라델피아에 있습니다.

국제 CLC는 59개 나라에서 180개의 본부를 두고, 약 650여 명의 선교사들이 이동도서차량 40대를 이용하여 문서 보급에 힘쓰고 있으며 이메일 주문을 통해 130여 국으로 책을 공급하고 있습니다.

한국 CLC는 청교도적 복음주의 신학과 신앙서적을 출판하는 문서선교 기관으로서, 한 영혼이라도 구원되길 소망하면서 주님이 오시는 그날까지 최선을 다할 것입니다.

The Switching Hour
Kids of Divorce Say Good-bye Again

Written by
Evon O. Flesberg

Translated by
Bocheol Chang

Copyright © 2008 by Evon O. Flesberg
Originally published in English under the title as
The Switching Hour: Kids of Divorce Say Good-bye Again
by Abingdon Press
Translated and used by permission of Abingdon Press
201 Eighth Ave. South, Nashville,
Tennessee 37203, USA

All rights reserved

Korean Edition
Copyright © 2016 by Christian Literature Center
Seoul, Korea

추천사 1

박중수 박사
영남신학대학교 목회상담학 교수

　이 책의 제목 "아빠, 엄마 너무 힘들어요!"는 마음 깊은 곳에서 홀로 힘없는 작은 목소리로 흐느끼는 어린 영혼의 외침을 들려준다. 너무나 애처롭다. 이혼이란 큰 사건에서 뒤로 밀쳐진 아이들이 있다.

　누가 이들의 아픔을 이해하고 치유해 줄 것인가?

　이 책은 가족의 헤어짐으로 나타나는 자녀들의 마음을 아주 실제적으로 직면하게 한다. 더욱이 요즘 우후죽순처럼 들려오는, 부모에 의해 저질러지는 아이들에 대한 학대와 죽음의 소식이 겹쳐져서 이 책에 나오는 아이들의 이야기는 더욱더 생생하고 아프게 들려온다.

여기에 나오는 사례들이 비록 미국의 것이기는 하지만, 부모에 대한 아이들의 마음은 크게 차이가 없기에 한국의 상황에서도 도움이 될 것이라 생각한다. 그래서 이 책에 나오는 아이들의 이야기를 귀담아들을 필요가 있다고 본다. 특히 부모님, 교사, 상담가, 교역자에게 필독서로 추천한다. 이 책을 우리에게 잘 번역해 준 장보철 박사께 감사를 드린다.

추천사 2

볼니 P. 게이(Volney P. Gay) 박사
Vanderbilt University 정신의학 교수

 미국에서 약 2천만 명의 아이들이 이혼한 부모 사이를 왔다 갔다 한다. 매번 바뀔 때마다, 머무는 곳을 매번 "바꿀" 때마다, 아이들은 단지 자신들만이 볼 수 있는 무거운 짐과 두려움에 직면한다. 이 책에서, 플레스버그 박사는 부모, 조부모, 교사, 그들을 돕고자 하는 상담가들에게 아이들의 무거운 짐과 두려움을 실감나게 보여준다. 이 책은 모든 가족, 교사, 그리고 돌봄제공자들이 반드시 읽어야 할 필독서이다.

린다 랜선 제이콥스(Linda Ranson Jacobs)
DC4K(DivorceCare for Kids) 상임이사

이혼을 경험하고 있는 부모들은 물론, 교사, 상담가, 아동복지기관 종사자, 목사, 판사, 변호사, 사회복지사들이 반드시 읽어야만 할 책이다.

목차

The Switching Hour

추천사 1(박중수 박사/영남신학대학교 목회상담학 교수) _ 5
추천사 2(볼니 P. 게이 외 1명) _ 7
감사의 말 _ 10
역자 서문 _ 12

들어가는 말 _ 15

제1장 교대 시간 _ 29

제2장 기다리고 바라던 시간 _ 56

제3장 간절히 바라지만 오지 않는 시간 _ 76

제4장 오지 말았으면 하는 시간들 _ 97

제5장 피하고 싶은 시간 _ 128

제6장 하나님과 함께 보내는 시간 _ 156

제7장 되돌아보는 교대 시간 _ 189

제8장 아이들을 돕는 길 _ 225

감사의 말

미국프로풋볼리그(National Football League)에서 열한 명의 선수가 운동장에서 뛰지만, 수천 명의 관중들이 응원한다. 여기에 이름을 일일이 다 말하지는 않았지만, 당신은 내가 부족함을 극복하고 이 책을 마칠 수 있도록 도와준 "열두 번째" 선수이다. 모든 분께 고마움을 표한다.

- 나의 연구 조교이며 변호사인 켄 잭슨
- 조용한 장소를 제공해 준 제넬리, 밥, 루시
- 초고를 읽고 조언을 해 준 볼니, 켄, 빅토, 매리, 래리, 에어프릴, 주드, 라이언, 코스, 맷, 베쓰, 놈, 샤론, 에브, 버드

감사의 말

- 이 책의 출간을 도와준 아빙돈출판사의 캐티 아미 스테드, 존 쿠스코, 바바라 딕, 릭 슈로펠
- 지속적인 사랑과 격려를 해 준 모든 분

엄마 아빠를 교대로 방문하러 다니는
모든 아이에게 평화가 있기를!
네가 무엇을 생각하는지, 느끼는지,
네가 누구인지
잊지 않기를!

역자 서문

 이 책은 이혼을 준비하고 있는 부부들을 위한 책이 아니다. 이혼 가정의 모습을 그리고는 있지만, 주인공은 부부가 아닌, 아이들이다. 그것도 아직 나이 어린 자녀들의 실제 이야기이다. 부모의 결정에 의해서 어찌할 수 없는, 달리 선택할 방도가 없는 어린아이들의 마음, 생각, 느낌, 소망이 가슴 아프게 그려지고 있다.
 이 책에서 저자는 이혼은 절대로 하지 말아야 한다고 항변하지 않는다. 더욱이 그것이 죄라고도 말하지 않는다. 시시콜콜하게 어려운 이론과 통계를 사용해서 독자들에게 겁을 주지도 경각심을 불러 일으키지도 않는다. 그저 아이들의 속마음을 우리에게 들려준다. 그것도 저자의 목소리가 아니라, 아이들의 생생한 목소리

로 말이다. 정말이지 이혼한 부모를 보고, 그들 사이를 왔다 갔다 하면서, 그리고 이혼한 부모가 재혼해서 낯선 이를 부모로 두어야만 하는 어린아이들의 시각을 가감 없이 묘사하고 있다.

이 책의 역자로서 바라는 것이 있다면, 지금 이 시간에도 헤어져야 한다고 믿고 있는 이들이 좀 더 아이들의 마음을 헤아려 주었으면 하는 것이다. 부모는 새로운 출발을 하지만, 그 순간이 아이들에게는 새로운 절망의 시작일지도 모른다. 물론, 이 책을 읽고 아이들을 자신의 새출발의 걸림돌로 여기며 그들에게 분노를 쏟아붓지 않았으면 좋겠다. 다만, 그들의 목소리를 들어보면 좋겠다는 것이다.

경제가 참 많이 힘들다. 그래서 책 한 권 부탁하기가 쉽지 않다. 이런 어려운 시기에 부족한 자의 역서를 또다시 출간하여 주시는 기독교문서선교회(CLC)의 박영호 사장님께 감사의 말씀을 전하고 싶다. 책의 기획, 교정, 디자인 그리고 인쇄에 이르기까지 번거로운 일들에 수고를 아끼지 않은 모든 직원에게도 너무 고맙다. 바쁘신 가운데 기꺼이 추천서를 써 주신 영남신학대학교의 박중수 박사님께도 사의를 표한다. 도전정신을 잃지 않도록 일깨우는 아내 김수진과 아들 장현민, 학문과 실천의 장에서 함께하는 부산장신대학교 교수 공동체, 교실에서 같이 웃고 울면서 자신들의 이야기를 들려주는 부산장신대학교의 목회상담학과 상담치료대학원 학생들과도 이 책을 공유하고 싶다.

2016년 10월
장보철

들어가는 말

"어제는 너무 즐거웠고 기분 좋았는데, 오늘은 그렇지 않아요. 하지만 어쩔 수가 없어요!"

아이는 슬픔에 잠긴 짙은 갈색 눈을 동그랗게 뜬 채, 나를 바라보면서 천천히 힘주어 말했다. 그 아이가 천진난만하게 보냈던 7년이라는 너무나 짧은 시간이 끝나버렸다. 다시 돌아갈 수 없었으며, 이미 일어난 일을 바꿀 방도라고는 전혀 없었다. 엄마와 아빠가 이혼한 것이다.

부모의 이혼에 있어서 아이가 할 수 있는 일이라고는 아무것도 없었다. 안타깝게도 그 아이를 상담했던 나로서도 마찬가지였다. 뺨에 눈물을 흘리며 함께 쇼파에 앉아있었던 그 아이의 엄마 역시 이혼을 막을 수 없었다.

아이는 어제까지는 좋았지만, 오늘은 너무도 우울하다. 하지만 그 누구도 이 상황을 바꿔줄 수 없다. 아빠와 엄마 사이를 번갈아 가며 왔다 갔다 해야 할 날들이 시작된 것이다.

현재 지미의 가족은 둘이다. 아빠가 둘, 엄마가 둘이다. 이렇게 네 명의 어른들이 지미에게 이래라저래라 한다. 이 집에서 저 집으로 가야 할 때마다 지미는 "안녕히 계세요! 그만 가 볼께요!"라는 인사를 반복한다.

금요일 저녁에 맥도널드나 쇼핑센터 주차장에서, 때로는 경찰서 앞에서, 자기를 데리러 오는 아빠나 엄마를 만나는 아이들을 볼 수 있을 것이다. 아이들은 저마다 손에 여행용 가방이나 더플백 또는 식료품 봉투나 검은 쓰레기 봉지를 들고 있다. 그리고는 다시 일요일 저녁에 이러한 모습을 또 볼 수 있다. 최소한 한 달에 두 번 그리고 때로는 주중에 아이들은 부모, 집, 형제, 친구, 애완동물, 장난감, 옷, 음식, 침대, 이외에도 훨씬 더 많은 것을 바꾸어야 한다.

좀 더 신경을 써서 주위를 살펴보면, 학기가 끝나거나 시작되는 시기에 공항에서 이미 남남이 되어 버린 아빠나 엄마 쪽으로 교대되는 아이들을 보게 될 것이다. 아마도 여름방학을 아빠와 보내다가 새 학기가 되어 다시 엄마와 함께 지내러 가는 것일지도 모른다.

아이들은 공항 직원들을 따라 미로 같은 공항 복도와 여러 개의 게이트를 거친다. 한 부모가 아닌 두 부모를 가졌기 때문에 미네소타에서 뉴욕으로 가야 하는 아이 옆에 우리가 앉을 수도 있다. 이 아이들은 친부모나 의붓부모 그리고 의붓형제자매 등 모든 가족이 함께 모이는 명절에는 추가적으로 여행을 해야 하기 때문에 매우 피곤하다.

통계에 따르면, 해마다 백만 명 이상의 아이들이 위에서 언급한 엄마 아빠를 "교대로 만나는" 삶에 합류한다. 그리고 18세 미만의 아이들 중 적어도 1천8백만 명 혹은 2천만 명의 아이들이 이와 같은 나뉘어진 삶을 살아가고 있다.

이렇게 두 가정 사이를 왔다 갔다 하는 시간들이 과연 아이들에게 어떤 의미를 가져다 주는 것일까?

이 책은 정기적인 "교대 시간"(switching hour)이 아이들의 삶에서 어떤 의미를 가지는지를 다루고 있다.

이혼한 부모 사이를 오가며 살아가는 것에 대해 그들은 어떻게 느끼고 있으며 무엇을 말하고 싶은 것일까?

한 곳을 떠나 다른 곳으로 향하는, 그렇지만 아직 새로운 곳에 도착하지는 않은, 두 곳 사이에 있는 것을 '경계 지대'(liminal place)에 있다고 말한다. 현관문을 보면, 그 아래에 나무나 금속 조각들이 붙어있는 걸 볼 수 있는데, 그것들을 라틴말로 '리멘'(*limen*)이라고 부른다. 이 리멘에 서 있다면, 안쪽도 바깥도 아닌, 두 공간 사이에 서 있는 것이다. 심리적, 육체적으로 그리고 영적으로 두 지역 어디에도 속하지 않는 '경계성'을 경험하는 것은 어려운 일이다.

여러분의 십대 시절을 한번 돌아보라. 십대는 더 이상 어린아이가 아니다. 그렇다고 성인이냐 하면, 그것도 아니다. 부모가 별거 중이거나 이혼을 했다면 아이들은 수년 동안 부모 사이를 왔다 갔다 하는 시간을 보내게 될 수도 있다.

이러한 교대 시간은 갈라진 부모의 새로운 경험에 적응하고자 애쓰는 한 시기가 아니다. 부모 사이를 교대로 왔다 갔다 하는 일은 부모가 살아있는 한 지속될 것이며, 아이는 아빠나 엄마와 함께하기 위하여 여행을 계속해야만 한다.

이 책을 읽는 가운데 몇몇 이야기는 독자들을 아프게 하며 슬프게 할지도 모른다. 아마도 어떤 독자들은, "이러한 이야기들이 우리 아이에게는 일어나지 않을 거야!"라고 말하고 싶을지도 모른다.

그러나 심지어 가장 곤혹스런 이야기들조차도 '많은' 아이가 지금 당하고 있는 현실이다. 우리가 인식하고 있는 것보다도 더 많은 아이가 어느 한쪽만이 아니라 아빠와 엄마 '양쪽' 삶의 일부분이 되기를 기다린다. 아이의 삶은 대부분 아빠나 엄마가 자기에 대해서 생각하고 있는지를 알고 싶어 하는 바람과 기다림의 고통으로 형성된다.

많은 아이가 비록 자녀들과 함께 시간을 보내지 못할 정도는 아니지만, 그래도 심각한 중독이나 분노, 또는 정신병에 시달리고 있는 부모를 방문한다. 착하고 사려 깊은 부모에게는 이러한 일은 전혀 가능하지 않은 일일 것이다.

이러한 이야기들을 의도적으로 이 책에 포함시켰는

데, 그 이유는 이런 아이들은 문제 있는 부모와 함께 시간을 보내면서 인생의 의미를 알아가는 데 어려움을 많이 겪기 때문이다. 이 모든 경험은 독자들이 자기 삶 가운데서 만날지도 모르는 그러한 아이들을 잘 보살펴주는 어른이 될 수 있도록 도와줄 것이다.

나는 이혼을 한다거나 별거를 하는 그 자체가 어떤 사람을 나쁜 부모로 만드는 것은 아니라고 믿는다. 다만 이혼이나 별거는 삶을 좀 더 복잡하게 만들며, 당사자인 부모나 자녀들에게 보다 큰 스트레스를 줄 것이다.

한 연구 조사에 따르면, 많은 변화가 스트레스의 원인이 되며 질병을 일으키게 할 수 있다고 한다. 그러한 변화들은 긍정적일 수도 있고 부정적일 수도 있다. 또한 원하지 않은 것일 수도 있고 원하던 것일 수도 있다.

이혼했지만 경제적인 여유가 있어서 여전히 아이들에게 원하는 장난감이나 옷을 충분히 사주고 음악을 누릴 수 있는 생활 환경을 제공해 줄 수 있는 부모에 관한 이야기를 들은 적이 있다.

언젠가 아이가 이전에 아빠 집에 있었던 신발을 가지고 싶어 했다. 단순하게 그것과 똑같은 신발을 사주면 괜찮겠지 하고 생각한 엄마는 즉시 아이에게 신발가게로 데려다 주겠다고 했다. 그러나 그 엄마는 아이가 그럴 필요 없다고 말할 때 비로소, 그 아이가 말한 것이 신발이 아니었다는 사실을 알게 되었다! 문제는 신발이 아니라, 그 아이의 감정에 관한 것이었다.

문제는 항상 아이들이 미처 말하지 못하는 그들의 감정에 있다. 이혼한 부모의 아이들에게는 보통 죄책감이 있다. 자신 때문에 아빠, 엄마가 이혼을 결정했을지도 모른다는 생각과 함께 슬픔, 비탄, 근심, 그리고 분노라고 하는 감정들이 아이들의 마음을 채운다.

아이들은 아빠나 엄마와 함께 시간을 보낼 수 없다는 상실감에 당황스러워 한다. 나이가 좀 든 아이들은 마치 자기 자신이 누구인지 더 이상 알 수 없을 것 같은 느낌을 가질지도 모른다. 이것은 지금까지의 삶이 어떠했는지에 대한 문제가 아니다. 아이들은 다음에는 어떤 일이 발생할 것인지에 대해서 온통 신경을 쓰고 염려하고 있는 것이다. 바로 이와 같은 이유 때문에 이 책에 등장하는 아이들이 말하고 있는 것에 우리가 정말 진지하게 관심을 쏟아야 한다.

거의 25년 이상 목사, 목회상담가, 신학교 객원교수라는 직업을 통해, 뿐만 아니라 개인적인 나의 삶에서 아이들과 부모들과 조부모들, 그리고 친구들로부터 별거나 이혼한 부모 사이를 왔다 갔다 하는 것에 대한 엄청난 고통과 힘과 용기와 희망에 대한 이야기를 들어왔다.

우리는 모두 자기 나름의 이야기를 가지고 있다. 이제부터는 잠시 우리의 이야기를 내려놓고 아이들에게 관심을 가지기를 바란다. 멈추어서 아이들이 우리에게 직접 들려주는 교대 시간의 경험에 대해서 귀를 기울여 보자. 아마도 그들의 이야기가 바로 우리 아이들이 말하고 싶어 하는 바로 그것일 수도 있다.

나는 내가 직접 들었던 이야기들의 사실성을 독자들과 함께 나누기 위해서 다양한 삶의 단편들을 가지고 이러한 이야기들을 엮어 보았다. 이야기를 엮는 과정에서 자세한 정보들은 말한 사람들을 보호하기 위해서 일부 바꾸거나 아예 빼버렸다.

여기에 나온 이야기들은 어쩌면 독자들에게 익숙하게 들릴지도 모른다. 아이들은 부모의 이혼이나 별거 그리고 그들 사이를 왔다 갔다 하는 경험에 대해서 자주 비슷한 반응을 보인다.

상실이나 변화 그리고 계속 옮겨 다니는 경험들은 우리 모두에게 힘겨운 일이다. 하지만 그런 어려움을 누군가에게 말한다면 우리의 짐은 덜어진다. 이 책은 바로 독자나 독자의 가족이 어려움을 말할 수 있는 용기를 가질 수 있도록 도울 수 있다.

이 책이 독자들로 하여금 자신의 배우자뿐만 아니라 자신의 아이들과 함께 대화하는 데에 도움을 줄 수 있기를 저자로서 바란다. 이 책은 또한 아이들이 교대하는 삶에서 보다 평화롭고 스트레스를 덜 받을 수 있도록 도움을 주는 몇 가지 구체적인 방법들을 제안할 것이다.

독자들이 이 책을 읽을 때 각자에게 가장 도움이 되는 방법으로 편하게 읽기를 권유한다. 아마도 한 장을 읽고 다음 장으로 가기 전에 제8장 "아이들을 돕는 길"에 나오는 제안들을 먼저 읽어도 좋다. 아니면 첫 장부터 계속 읽어나간 다음 나중에 제8장에서 실천적인 방법을 알아보는 것도 좋다.

이 책은 여덟 장으로 이루어져 있다.

제1장 "교대 시간"은 이 책의 나머지 내용을 이해하는 데 토대가 된다. 아이들이 경험하는 상실과 변화 그리고 부모 사이에서 계속 옮겨 다니는 것 등에 대해서 다룬다.

이 책에 나오는 "교대 시간"이란 말을 문자 그대로 이해하면, 아이가 한 부모에서 다른 부모로 교체될 때 시계가 가리키는 시간을 뜻한다. 이 말은 이제 더 이상 서로 함께하지 않는 않는 부모와 살아가야 하는 자녀의 삶, 그리고 이로 인해 그 자녀가 무엇을 해야 하는지를 상징적 혹은 압축적으로 표현하기 위해 사용되고 있다.

제2장 "기다리고 바라던 시간"은 아이들이 최근에 방문하지 않은 아빠나 엄마를 얼마나 그리워하고 보고 싶어 하는지 그리고 다시 그들을 만나는 시간이 다가오면 안달하는 내적 흥분에 대해서 이야기한다. 그들은 이렇게 묻는다.

"나는 아주 외로울까요?"

"내가 함께 사는 아빠(엄마)에게 상처를 주게 되면 어떡하죠?"

"나는 왜 항상 슬플까요?"

제3장 "간절히 바라지만 오지 않는 시간"에서는 거의 혹은 이혼한 아빠나 엄마를 전혀 볼 수 없는 아이들의 감정과 경험을 실었다. 이 장은 고통스러운 현실이 바뀌기를 바라는 아이들의 갈망을 묘사하고 있다.

예를 들면, 이혼한 아빠들 중 거의 반 정도는 이혼한 지 일 년이 지나면 그들의 자녀들과 거의 만나지 않는다 (자세한 내용은 다음을 참조하라. Betty Carter and Monica McGoldrick, *The Expanded Family Life Cycle*[Needham Heights, Mass.: Allyn and Bacon, 1999], 14).

특히 부부 사이의 약속 파기가 남을 신뢰하거나 위험을 받아들이는 아이들의 능력에 어떤 영향을 미치는지에 대해서 집중적으로 다룬다.

제4장의 제목은 "오지 말았으면 하는 시간들"이다. 여기서는 아이들이 자신과 갈등을 겪고 있는 부모를 만나야만 하는 상황에 대해서 논의해 보았다. 우리는 이러한 상황에 놓여있는 아이들이 갖는 걱정과 두려움의 경험을 듣는다. 이 장은 떠남, 홀로 아빠나 엄마를 만나러 여행하는 것, 그리고 부모의 재혼과 동거와 다시 이어지는 이혼 등에 대해서 보다 심도 있게 탐구하고 있다.

제5장 "피하고 싶은 시간"은 일상적인 생활처럼 되어 버린 교대 시간과 함께 자라온 아이들이 결정해야 하는 선택들에 대해서 곰곰이 생각해 보았다. 아이들은 다음과 같은 질문을 하곤 한다.

"서로 다투는 부모님 사이에서 내가 어떻게 교대 시간들을 견딜 수 있을까?"

"나 스스로 무언가 선택할 수 있는 나이가 되면 부모님 사이를 왔다 갔다 하는 이 생활을 끝낼 수 있을까?"

이 장은 10대 후반이나 20대 초반의 청년으로서 그들이 내릴 결정들에 대해서도 살펴볼 것이다. 이와 더불어, 그들이 자신의 결혼이나 가족에 대해서 어떻게 이해하고 있는지에 대해서도 살펴본다.

제6장은 "하나님과 함께 보내는 시간"이다. 여기에서는 아이들의 영적인 측면에서 교대 시간이 갖는 중요성에 대해서 깊이 생각해 보려고 한다. 즉 그들이 가지고 있는 하나님에 대한 이미지, 그리고 그들의 하나님에 대한 이미지가 그들의 부모의 신앙생활과 어떤 관련이 있는지에 대해 알아본다.

제7장 "되돌아보는 교대 시간"은 교대 시간을 보내고

있는 어린이들과 십대 청소년들이 보다 잘 견디며 보낼 수 있도록 돕는 다른 방법들에 대해서 알아본다.

제8장 "아이들을 돕는 길"은 아이들을 어떻게 도울 수 있을까 하는 중요한 질문들에 대한 실제적인 아이디어와 독자들이 스스로 답을 생각할 수 있는 장을 제공한다. 이 장에서 독자들은 아이들이 삶을 보다 단순하게 살도록 돕고, 많은 삶의 변화와 작별로 인한 스트레스를 줄일 수 있는 방법들을 발견하게 될 것이다. 더불어 이렇게 말하는 부모가 될 수 있을 것이다.

"우리가 너를 포기하는 것이 아니야. 끝까지 너를 돌봐줄 거야!"

각 장에서 독자들은 교대 시간을 보내고 있는 아이들에 대한 이야기를 그들로부터 직접 들을 것이다. 또한 아이들이 계속된 변화와 아빠나 엄마에게 "안녕! 또 봐요!"라는 말을 하며 보내야 하는 잦은 시간들을 어떻게 하면 잘 통과할 수 있는지에 대한 조언들도 들어있다. 아이들의 이야기를 듣기 위하여 독자들이 각자의 마음에 귀 기울일 때 기억했으면 하는 한 가지가 있다면, 그것은 바로 아이들에게는 희망과 사랑 그리고 심지어는 용서할 수 있는 큰 힘이 있다는 것이다.

사실, 이 책을 읽고 있다는 사실만으로도 아이들에게 아빠와 엄마가 그들을 돌보고 있다는 것을 보여주고 있는 것이다. 비록 아이들이 지금 당장에 이 책에 나오는 모든 내용에 대해서 아빠나 엄마와 함께 이야기할 수는 없다 할지라도, 아이들은 우리가 자신이 보는 방법으로 삶을 보려고 노력하고 있다는 것을 알게 될 것이며, 그들은 이러한 사실로 인해 격려를 받게 될 것이다.

아이들은 아빠나 엄마에게 "안녕!"이라고 말할 때도 자신이 부모로부터 지지받고 있음을 느낄 것이며, 부모 중 한 사람이 떨어져 있음에도 불구하고 그들이 자신을 진심으로 사랑하며 늘 마음속에 담아두고 있다는 것도 알게 될 것이다.

제1장
교대 시간

안녕! 아빠!

아빠 너무나 그립고 보고 싶어요!

지난 밤에는 엄마가 알면 슬퍼할까 봐서 몰래 침대 속에서 울었어요.

아빠, 잘 계시죠? 잠은 어디서 주무세요?

언제 아빠를 만날 수 있나요?

엄마는 다음 주 금요일에 맥도날드에서 아빠를 만날 것이라고 말씀하셨어요.

아빠, 잊지마세요!

사랑해요!

어느 우울한 날

다음과 같은 일들을 상상해 보라. 화창하고 하늘이 푸른 어느 날, 지금부터 당신의 가족은 하나가 아니라 두 개의 가정으로 이루어질 것이라는 말을 듣게 된다. 그런데 그 두 번째 집은 휴가를 즐길 여름 별장이 아니다. 당신이 사랑하는 사람들은 언제나 다른 곳에 있을 것이다. 당신은 어른이기에 이렇게 말할지도 모른다.

"나는 지금껏 별거나 이혼을 하는 사람들을 아주 많이 봐왔어요."

이혼에 필요한 모든 합의사항을 마친 후, 집에 있는 물건들 중 자기 것을 전부 다 정리한 다음 다른 삶을 시작하면 된다.

"그래요. 쉽지 않은 일이죠. 가슴 아프기도 하구요. 우리 아이들이 내 곁에 없어서 보고 싶을 거예요. 그러나 아내와 날마다 긴장 가운데 다투는 일이 더 이상 없을테니 기쁘답니다."

아마도 시간이 그의 상처를 치유하는 데 도움을 줄 것이다.

그런데 이제 우리가 남겨진 아이라고 생각해 보자. 이제 더 이상 부모님이 같은 집에서 함께 살지 않을 것이라는 말을 듣는다. 너무나 사랑했던 두 사람이 이제는 서로 각각 다른 장소에서 살게 되는 것이다.

학교가 끝난 후 집으로 돌아오면 단지 부모 중 한 명의 물건만 집안에 있다는 것을 알게 된다. 음악 CD, 옷, 책, 애완동물 그리고 부모 중 한 명이 소중하게 아끼던 물건들이 치워져서 더 이상 그곳에 없다. 당신은 이렇게 말한다.

"모든 것이 사라진 빈 방들을 내가 보면서도 아빠(또는 엄마)가 떠났다는 것을 떠올리지는 않을 거라고 아빠(또는 엄마)는 생각할까? 아빠와 엄마가 서로 이야기하고, 웃고, 울고, 싸우면서 떠들썩했는데, 이젠 너무나 조용해! 우리는 두 개로 쪼개졌어!"

이런 이야기뿐만이 아니다. 당신에게는 또 다른 일들이 기다리고 있다. 부모는 같은 장소가 아닌 서로 다른 두 개의 장소에서 당신과 시간을 함께 보내기를 원한다. 당신은 더 이상 부모의 보호가 필요 없는 나이가 될 때까지 부모의 두 집 사이를 왔다 갔다 해야 한다.

당신이 받은 상처는 쉽게 치유되지 않는다. 무엇보다도 이와 같은 두 세계에서 살게 만든 갈등과 상처들을 계속해서 떠올릴 것이다. 당신은 성경에서 두 여인이 서로 자기 아이라고 주장했을 때 솔로몬이 반으로 잘라서 주라고 했던 바로 그 아이가 된 셈이다. 당신은 둘로 나뉘어진다.

당신의 집은 어디인가?

엄마와 함께 있는 것인가? 아니면 아빠하고?

그도 아니면 그들 사이 어떤 중간 지점인가?

이 장의 맨 첫 장에 등장하는 "안녕! 아빠!"로 시작되는 편지를 쓴 아이처럼, 사라진 아빠나 엄마를 그리워할지도 모른다. 슬픔을 숨기기 위해서 노력하며 아빠나 엄마에게 나를 잊지 말아달라고 애원할 것이다.

이 책에서 "교대 시간"(switching hour)이란 무엇을 의미하는가?

부부관계를 끝내어 아이들을 상대방에게 데려다 줄 때 혹은 가끔씩 생기는 특별한 일이 아니면 서로 더 이상 만날 필요가 없는 부모와는 달리, 아이들은 우주비행사처럼 수년 동안 두 개의 행성이라고 할 수 있는 부모 사이를 왔다 갔다 할 것이다. 교대 시간을 가져야 할 수년간의 시간이 시작되었다고 하자. 당신은 한 부모의 집을 떠나, 우주 공간 사이로 발사되어 다른 부모의 세계 안으로 들어갈 것이다.

"교대 시간"은 일정한 간격으로 한쪽 부모와 지내기 위해서 다른 한쪽 부모의 집을 '떠나는 시간과 경험'을 말하는데, 이것은 대부분의 경우, 아이들의 의사와는 전혀 상관없이 단지 부모나 법원에 의해서 결정된다. 교대 시간이란 또한 부모가 더 이상 함께 살지 않는 상황에서 그들의 자녀들이 겪는 삶의 방식을 표현하는 은유적 혹은 축약적인 표현으로도 사용되고 있다.

부모 사이의 왕복, 즉 교대 시간이라는 미션을 위한

준비는 우주비행 미션에 대한 관심만큼의 많은 관심이 필요하다. 우주로 발사하거나 지구로 재진입할 때 받는 압력과 우주를 비행할 때 느끼는 불안감을 아이들도 겪을 것이기 때문이다.

두 세계 사이를 왔다 갔다 하는 약 2천만 명의 아이들

다음과 같은 사실들을 고려해 보자. 초혼의 거의 절반이 이혼으로 끝나고, 재혼의 60퍼센트가 다시 이혼의 파국을 맞는다. 그 결과 미국에서는 해마다 백만 명 이상의 어린아이들이 이혼했거나 별거하고 있는 부모를 가진 자녀들이 된다.

이것은 또한 최소한 2천만 명의 아이들이 교대 시간을 보내고 있다는 것을 의미한다. 게다가 비록 흔한 경우는 아니지만, 이혼 가정의 성인 아이들(adult children)이 그들이 낳은 아이들과 함께 자신의 부모 사이를 왕래하는 사례도 있다.

부모는 개인적으로 행복할지 모르지만, 그들의 아이

들에게는 부모 사이에서 처리해야 할 감정의 앙금들이 계속 남아있게 된다. 부모의 이혼은 아이들에게는 종착점이 아니라 추가적인 스트레스를 받는 삶의 시작인 셈이다.

그렇지 않아도 성장과 성숙이라는 삶의 일반적인 과정에서 변화들을 이미 경험하고 있는 아이들에게 또 지워주는 이러한 부담을 어떻게 덜어줄 수 있을까?

사랑하는 부모는 아이들이 느끼는 스트레스 때문에 어려움을 겪고 있다.

당신은 무엇을 할 수 있겠는가?

당신은 어떻게 아이들을 도울 수 있을까?

이 책에서 나는 아이들에게 더 세밀한 관심을 가져줄 것을 독자들에게 부탁하고 싶다. 아이들의 마음에 들어가 보라. 아이들이 살아가고 있는 삶에 대해서 상상해 보도록 노력하라. 그들의 이야기를 들어보고 주의를 기울여 지켜보라. 비록 그러한 일들이 어렵고 좀 불편할지라도 아이들이 부모의 이혼 후 겪어야 할 교대 시간 속에서 무슨 일이 벌어질지를 인식하는 것은 중요하다.

두 세계 사이를 왔다 갔다 하는 것에 대해서 배우기

부모나 그들의 아이들이 교대 시간이란 새로운 삶에 대해서 배워 나갈 때, 아이들은 착잡하고 혼란스러운 감정을 갖게 될지도 모른다. 아이들은 종종 자기 때문에 부모가 갈라섰거나 이혼했다는 생각에 죄책감을 느낀다. 때로는 아이들은 줄곧 지켜보고 있던 부모의 이혼 과정이 마침내 매듭지어졌다는 데 안도감을 내쉬기도 한다.

또한 부모 중 한 사람 혹은 둘 다에게 분노를 느끼며 책임을 전가하기도 한다. 어떤 경우는 아무 것도 느끼지 못할 수 있다. 아무런 감각이 없는 것이다. 아이들이 무엇을 느끼건 간에, 앞으로 아빠와 엄마 사이를 왔다 갔다 하는 분리된 삶을 살아가야 한다는 현실에 잠기게 되면 아이들은 자신이 잃어버린 것에 대해 슬퍼할 것이다.

"상실감!" 이 단어는 이 장의 처음부터 내가 계속 이야기해 온 것들을 통틀어서 잘 나타내 주는 한마디 말이다.

"얘들아, 이리 좀 앉아보렴. 아빠하고 엄마가 너희들에게 할 말이 있단다. 앞으로 모든 것이 잘될 거야. 다만, 아빠하고 엄마는 갈라서기로 했단다. 아빠는 오늘 밤에 집을 떠날거야. 그렇지만 너희들이 자주 아빠를 만날 수 있도록 우리들은 최선을 다할 거란다. 그런데 당연한 것이지만, 휴가나 국경일은 따로따로 보내야 한단다."

아이들은 무엇을 잃어버릴까?

날마다 아빠, 엄마를 보았으면 좋겠어요

어떤 아이들은 안전하다는 느낌을 잃어버리게 되고 편하게 쉴 수 없게 된다. 옆에서 안전하게 자신을 어떤 위험으로부터도 보호해 주던 아빠와 엄마가 더 이상 없다는 사실을 알게 된다. 사실, 아이가 한 집에서 아빠, 엄마와 함께 살았을 때 같이 보냈던 시간은 모두 합해봤자 얼마 되지 않았을 수도 있을 것이다. 그러나 차라리 그때가 아이에게 더 좋았을 듯싶다. 왜냐면 이제는 아빠나 엄마 한 사람만의 관심과 돌봄을 받기 때문이다.

아빠와 엄마가 한 집에 다 같이 있으면, 아이는 두 배로 이해받을 수 있다. 아이의 기질과 성격은 엄마 쪽보다는 아빠 쪽과 보다 더 가깝게 일치하는 경향이 있다. 어떤 규칙과 경계를 정할 때, 부모는 아이들이 여전히 아빠나 엄마 가운데 더 좋아하는 사람이 있다고 느낀다.

우리 집 혹은 우리 집이라고
부를 수 있는 일정한 곳이 하나였으면 좋겠어요

부모가 이혼하게 되면, 지금까지 살던 집을 팔게 되는 경우가 흔히 있다. 부모는 함께 살던 기억들을 원하지 않으며, 주택융자금을 갚을 여력이 없고, 새 도시로 이사 가서 정착하고 싶어 하거나 더 작은 집으로 이사 가기를 원한다. 따라서 아이들은 두 개의 집 혹은 아파트를 자기의 집이라고 불러야 한다.

할아버지, 할머니를 만나던 때가 그리워요

할아버지 할머니를 자주 만났던 아이들이 이제 더 이상 그들을 만날 수 없다는 것은 그들에게 아주 큰 상처가 된다. 이 아이들은 상실감과 슬픔을 크게 느낀다.

> "할머니는 내가 다섯 살 될 때까지 나를 돌봐주셨어요. 그 후 아빠와 엄마가 이혼해서 엄마와 나는 살던 곳과 전혀 다른 지역으로 이사했어요. 열다섯 살이 되기 전까지 할머니를 보지 못하다가 다시 만났는데, 그때 할머니는 거의 돌아가시기 직전이었어요. 비행기 타고 가서 할머니 만나는 것을 엄마가 허락해 주셨어요. 내가 엄마와 떠난 다음에 얼마나 나를 보고 싶어 했는지 말로 다 할 수 없었다고 할머니가 말씀하셨을 때 나는 엉엉 소리내어 울고 또 울었어요."

친가나 외가의 할아버지와 할머니, 숙모와 삼촌, 그리고 사촌들이 부모가 갈라진 후에 아이들의 삶 속에서 사라지곤 한다. 이에 대해서 독자들 중에는 반드시 그런 것만은 아니라고 반문할 사람도 있을 것이다. 때로는 가기가 힘든 경우도 있고 또 오히려 친척들로부터 소외당하는 사례도 있기 때문이다.

아니면 단지 시간이 너무 없어서라고 말할지도 모르며, 그 누구와도 이러한 경험들에 대해서 나누기를 원하고 싶지 않기 때문이라고 말할 수도 있다. 그러나 그럼에도 불구하고 여전히, 교대 시간을 보내고 있는 많은 아이가 할아버지와 할머니, 숙모와 삼촌 그리고 사촌들을 잃어버리고 있는 것이 우리의 현실이다.

가장 친했던 친구들이 보고 싶어요

모든 나이에 관계없이 친구들은 우리가 인생의 어려운 순간들을 지날 때 도움을 준다. 잠시 당신의 가장 친한 친구 한 명을 떠올려보라. 당신은 웃고 있지 않은가?

아이들이 부모의 깨어짐을 경험할 때, 자신을 염려해주는 사람이 다 떠나버린 것이 아니라는 사실을 확인시켜주는 사람들이 바로 친구이다. 친구는 모든 것이 잘되어 갈 거라거나 부모의 이혼이 어떤 것인지를 말해준다.

부모의 이혼에 더하여, 또 다른 말을 듣는다. 비록 엄마가 새로운 아파트를 얻었지만 아빠와 아들은 아빠가 항상 갈망했던 시골에 살기 위해서 도시를 떠난다. 아빠에게는 새로운 출발을 알리는 시간이지만 아이에게는 또 하나의 종료이자 상실을 의미하는 것이다.

> "자기들끼리 다섯 살 때부터 친구였던 아이들과 내가 어떻게 친구가 될 수 있을까? 나는 지금 고등학생인데, 농담하는 게 아니라, 나는 친구들에게 매력이 있는 타입이 아니라구요. 점심 시간에 내 옆에 앉는 친구가 있나요? 내 인생에는 되는 일이 아무것도 없는 것 같다구요! 휴일을 엄마와 보내기 위해서 다시 고향에 갔는데 옛 친구들이 나를 반가워하지 않았어요. 나는 이제 그 친구들에게서 완전히 관심 밖으로 밀려난 것 같아요. 친구들이, 그리고 친구들과 함께했던 추억들이 너무 그리워요."

이전 학교가 그리워요

부모의 갈라섬은 아이들에게는 종종 다른 곳으로 이사하고 새로운 학교를 다녀야 한다는 것을 뜻한다. 자신의 삶에서 일어나고 있는 여러 가지 다른 변화들과 함께, 새로운 학교에 적응해야 한다. 새로운 선생님, 새로운 학교 건물, 새로운 친구들. 거기다 새로운 동아리와 운동팀도 알아봐야 한다. 그러한 새로운 환경은 많은 아이에게 자라서 어떤 직업이나 대학을 선택할 때 많은 두려움을 갖게 한다. 그들은 미래에 대해서 염려한다.

어느 대학을 가느냐구요?

나에게 대학 갈 돈이 아직 남아있나요?

나는 이웃을 잃어버렸어요

"나는 아이스크림을 잔뜩 실은 트럭을 쫓아가는 것을 아주 좋아했었어요. 아이스크림 트럭을 쫓아가려면, 친구들과 공놀이 하던 공터를 지나야 했구요, 가장 친한 친구의 집과 1학년 때 선생님의 집과 그분의 화단을 거쳐야 했어요. 나는 그 거리를 달리곤 했었던 열 살 때까지의 추억들에 대해서 말할 수 있어요. 그런데 그러한 모든 일이 끝나버리고 말았어요. 아빠는 사랑하는 사람을 새롭게 만나셨어요. 그리고 아빠는 좋은 지역에 있는 두 집에 대한 많은 주택융자금을 내고 싶어 하지 않으셨어요. 모든 게 끝난 거지요. 즐거운 추억들과 작별을 해야만 했어요. 나는 지금 같은 동네지만 다른 쪽 동네에 있는 아파트에서 살고 있어요."

당신이 지금 살고 있는 곳에서 익숙한 모든 것에 대해서 생각해 보라. 우유가 마시고 싶을 때 어디에서 빨리 살 수 있는지, 가장 재밌는 DVD를 어디서 빌릴 수 있는지, 가장 맛있는 햄버거 가게는 어디이며, 동네 어디에 가장 무서운 개가 있는지 등에 대해서 잘 알고 있을 것이다. 이러한 모든 장소는 그저 당연하게 여기는 우리 주변의 일부분에 불과한 것들이다.

아이들이 교대 시간을 보내야만 된다면, 그들은 이 모든 것을 잃어버리게 되는 셈이다. 교대 시간이라는 반쪽짜리 혹은 그보다 적은 시간 속에서, 아이들은 각각의 장소에서 안전함을 느끼기 위해서 새로 접하게 되는 두 개의 이웃에 익숙해져야 한다. 아이들이 기대했던 삶은 사라져 버린 것이다.

지금 충분한 돈이 있는지 잘 모르겠어요

부모의 이혼 혹은 별거 후 아이들은 경제적인 안정감을 상실하게 된다. 교대 시간을 보내고 있는 아이들의 경우, 경제 생활에 커다란 변화를 맞이할 수밖에 없다. 만일 아이들을 엄마가 맡아 키우게 되면, 대부분의 경우 그들의 생활 수준은 이혼 전보다 열악해진다.

일부 보도에 따르면, 이혼 후 여자들의 재정 상태는 그 전보다 "15-30퍼센트 정도 떨어진다." 반면에 남자들의 수입은 거의 같거나 오히려 다소 증가하거나 감소한다고 한다(*The Expanded Family Life Cycle*, 391).

"부모님이 이혼하기 전까지만 해도, 나는 돈에 대해서 걱정해 본 적이 한 번도 없었어요. 그런데 별안간 내가 좋아하는 운동 기구들을 살 돈이 있는지 없는지를 걱정해야 할 형편이 되었어요. 엄마한테 물어보면, 엄마는 아빠한테 충분한 돈을 보내주고 계신대요. 엄마는 보내준 돈을 아빠가 도대체 어떻게 쓰고 계시는지 알아야겠다고 말씀하세요. 나는 엄마에게 뭐라고 말할 수 없어요. 종종 죄책감을 느껴요. 마치 모든 돈 문제가 나와 동생에게 들어가는 양육비 때문에 발생하고 있는 것 같은 생각이 들거든요. 나는 똑같은 말을 엄마와 아빠가 사는 집 양쪽에서 듣고 있어요."

모든 것이 다 잘 될 거라는 확신이 점점 없어져요

부모의 이혼은 아이들이 가지고 있던 세계 전체를 바꾸어 버린다. 엄마와 아빠는 자신에게 잘못되었던 것을 고칠 수 있지만, 이제 아이들에게 자신들은 잘못되어 왔었던 상태 그 자체와 동일시되고야 만다. 아이는 다음과 같은 것들에 의아해한다.

"앞으로 또 내게 무슨 일이 생길까? 왜 우리는 올해 디즈니랜드에 갈 수 없는 거지? 이미 작년 여름에 계획한 거잖아. 난 아빠와 떨어져 있으면, 아빠 걱정, 엄마와 떨어져 있을 때는 엄마를 걱정해. 다음엔 또 무슨 일이 생길까 걱정하고. 아빠, 엄마는 내가 다시 돌아오는 것을 좋아할까? 아빠, 엄마는 자녀가 있는 다른 사람을 만나게 될까? 그렇다면 그 애하고 내 방을 같이 사용해야 되는 거야? 내 친구인 피트는 그렇게 되었다고 하던데. 나는 다시는 이런 일로 상처받고 싶지 않아. 이 다음에 그 누구도 믿지 않는 게 더 나을지도 몰라. 나는 이렇게 큰 상처를 받고 싶지 않아."

비록 미래가 밝아 보인다 하더라도 한 번 경험한 상실감을 치유하기란 힘든 일이다. 아이들은 뭔가 변화가 발생할지도 모른다고 감지할 수는 있다. 그러나 부모의 이혼이 미치는 장기간에 걸친 부작용에 대해서는 미처 준비되어 있지 못하다. 예를 들면, 부모 중에서 떠나버린 이에 대한 그리움, 휴가를 따로 보내야 하는 것, 생활비에 대한 걱정 등으로부터 오는 고통들이다. 최소한 부모로서 앞으로 어떤 일들이 일어날 것인지를 자녀에게 미리 말해 줌으로써 그들을 도울 수 있다.

슬픔과 괴로움이 끝나는 날이 오지만 매우 오래 걸린다

부모가 부부로서 그들의 관계를 청산하는 것에 대해서 자녀가 할 수 있는 일이라곤 아무것도 없다. 일단 갈라서기만 하면 되는 부부 사이와는 달리, 자녀들은 다시 만나고 또 헤어지는 것을 반복해야 한다.

아이들은 이별과 슬픔을 계속적으로 맛본다. 아이들은 아빠나 엄마의 집을 각각 방문할 때마다 그리운 것들, 갈망하는 것들, 그리고 상처받은 것들이 자꾸 떠오른다.

그들은 어느 한 부모로부터 떨어지기를 원하지 않는다. 그들은 항상 "방문"하고, 이전보다 더 끈끈하게 아빠나 엄마와 연결된다. 그리고 곧 다시 떠나고, 유대관계는 다시 느슨해진다. 전화나 이메일, 또는 편지나 사진들도 부모의 빈 자리를 채워주지는 못한다. 그 자리는 오직 따뜻한 포옹과 직접 만나 나누는 대화로 채워지는 것이다.

"나는 항상 누군가를 그리워하며 살아가고 있어요."

이혼한 부모 사이를 왔다 갔다 하는 열여섯 살 먹은

어느 소년의 말이다(Nick Sheff, "My Long-Distance Life", *Newsweek*, February 19, 1999). 이 소년의 말은 두 부모 사이를 오가며 살고 있는 아이들의 삶의 본질을 매우 잘 보여주고 있다.

이 아이들은 어디서 화평과 평안을 누릴 수 있을까?

슈퍼맨은 이해할 것이다 - 나도 두 개의 세계에서 살고 있다

만일 독자들이 직장 일로 인해 어쩔 수 없이 다른 나라에 가서 살고 있다면, 아이들의 삶 속에서 발생하는 갑작스런 변화들을 이해할 것이다. 다른 나라로 배치된 군인들은 두 나라에서 사는 것에 대해서 잘 알고 있다. 그들에게는 얻는 것이 있는 반면, 상실로 인해 그리워하는 것들이 있다.

교대 시간을 보내고 있는 아이들 또한 두 개의 세계, 곧 엄마의 세계와 아빠의 세계에서 지낸다. 아이들은 엄마와 아빠 두 부모에 의해서 양육과 돌봄을 받기 때문에 어느 한 방향에 깊이 심길 수 있는 뿌리를 더 이상 가지지 못한다.

뿌리 뽑힌 나무들은 "삼베에 싸여" 여기저기 보내진다. 그들은 지금 새로운 땅에서 살기 위해 고국을 떠난 사람들처럼 살고 있다(Jeanne Stevenson-Moessner, Crosscultured Children: Honoring Multiculturality." *Lecture, Society for Pastoral Theology*, Los Angeles, June 21, 2003).

> "아빠와 살 때 밴드와 함께하는 여행으로 가득했어요. 아빠와 나는 아주 멋진 곳들을 구경했고 사람들은 나를 왕자처럼 대해 주었죠. 나는 먹고 싶은 것은 뭐든지 다 먹을 수 있었어요. 밤에 다른 사람들이 아무데서나 곯아떨어질 때 나는 침대로 들어가 잠을 잤어요. 무언가를 원하면, 사람들에게 아빠 계산서에 넣어달라고 말하면 그뿐이었어요.
> 아빠를 그렇게 가까이서 보지는 않았지만, 모든 연주회는 다 갔어요. 아빠는 보통 피곤해 보였는데, 시간만 나면 곧 있을 재즈 연주회의 일부분을 연습하셨죠. 어른이 되면 음악가가 되고 싶어요. 아빠는 내가 드럼을

아주 잘 친다고 말씀하셨어요.
하지만 엄마의 세계로 들어가면, 학교가 우선이에요. 내가 F학점을 받은 영어의 보충 강의를 들어야 하는 여름학기에 들어가지 않았을 때 엄마는 무지 화를 내셨죠. 아빠는 고등학교 졸업장이 없어도 잘 사세요. 그래서 나도 잘 할 수 있을 거라고 생각해요. 엄마는 어쩔 수 없는, 학교를 사랑하는 두뇌형 학구파세요. 엄마의 세계는 학교이고, 아빠의 세계는 음악이에요.
엄마가 보고 싶어요. 하지만 재미있는 것은, 막상 엄마와 함께 있으면, 연주자 아빠와 여기저기 다니는 것보다 나를 행복하게 하는 것은 없다고 생각한다는 것이에요."

음성 메일에 연결할 수 없었어요

아이들이 교대 시간을 보내는 가운데, 부모는 아이들이 자신의 음성 메일이 되기를 바라는 유혹을 받는다. 즉 아이들에게 양육비나 집 수리비 혹은 상대방의 새로운 여자 혹은 남자 친구에 대한 평가 등을 대신 전달하라고 요구하는 것이다. 이러한 상식적으로 이해하기 어려운 요구나 압박으로 인해 아이들의 삶이 불필요하게 힘들어진다.

> "부모님이 집에서 다투실 때, 자주 '가서 아빠한테 이렇게 말하렴…'하는 말을 듣곤 했어요. 그러다가 내가 전달한 이야기로 인해 아빠가 고함치시는 것을 본 지 일 이 년이 지난 후에 나는 그 메신저 역할을 그만두었어요. 아빠, 엄마가 이혼한 뒤에 나의 이 역할이 끝났을까요? 절대 아니에요! 여전히 부모님은 이메일이나 편지나 전화 등 여러 가지 수단이 있다는 것을 잊고 계신 것 같아요. 나는 더 이상 그런 역할을 할 수 없어요. 아빠가, '제기랄, 너의 그 못난 엄마가 지금 뭐라고 말하는 거야?'라고 소리치실 때 내가 뭐라고 말할 수 있겠어요?"

나는 더 이상 아이가 아니에요

부모가 서로 갈라졌을 경우, 아이들은 부모로부터 어린애 같은 유치한 행동을 더 이상 하지 말고, 집안일이나 동생 돌보기와 같이 어른들이 해야 할 책임을 짊어지기를 요구받는다. 아이들에게 집안일을 어떻게 하는지 가르치는 것이야 그다지 잘못된 것이 아니지만, 어떤 아이도 '아빠'나 '엄마'의 역할을 대신하도록 강요당해서는 안 된다. 특히 돌보아야 할 집이 하나가 아니라 둘이라면 더욱 더 그렇다. 아마도 아이는 이렇게 말할지도 모른다.

"아빠, 나는 엄마 집에서 항상 이렇게 청소만 해요."

이 말이 사실일 수 있는 것이다.

나는 또 이동 중이에요

"두 주마다 나는 아빠한테 가기 위해서 엄마네 집에 있는 내 짐을 다 쌉니다. 목요일 밤에 짐을 싸는데, 그래야만 아빠가 학교까지 와서 나를 데려갈 수 있기 때문이에요. 세 시간 정도 차로 운전해서 집(나의 또 다른 집)으로 가는 길은 금요일 교통체증에 막혀서 시간이 좀 걸려요. 아빠 집으로 가는 시간을 바꿔보는 것도 그다지 큰 도움이 되지 않아요."

부모 사이를 왕래하는 아이는 여행 중에 있는 비즈니스맨이 갖는 스트레스에다 추가로 감정적인 스트레스까지 받고 있다.

"아빠 만나는 걸 한 번 거르고 의붓형제의 생일 파티에 참석할까? 야구 연습 때문에 어머니날에 집에 가지 못하면 어떻게 하지?"

아이들이 열심히 했던 활동들은 어떻게 되는 것인가?

야구부에서 그만 나와야 하나?

만약 팀이 챔피언 결정전에 나가게 되었는데 아빠나 엄마를 만나러 가야 하기 때문에 선수로 뛰지 못하면 어떻게 되나?

보낼 수 있는 시간의 한계 때문에 아이들은 길거리 게임뿐만 아니라 보이스카웃이나 걸스카웃, 종교 교육, 스포츠, 웅변이나 음악 대회 등 이러한 모든 행사에 적극적으로 참여

하기가 더욱 어려워진다.

계속 반복되는 떠남과 다시 돌아옴은 어린아이들이 숙제나 약, 예배 시간에 입을 정장, 신발, 타자 헬멧, 아빠나 엄마에게 줄 카드 그리고 좋아하는 CD 등의 물건들을 챙기는 것 이외의 것들에 온통 신경을 써야 하기에 스트레스가 된다.

아이들이 언제 편안하게 쉴 수 있겠는가?

그들은 일요일 밤에 긴 여정으로부터 돌아온다. 아이들은 또 다시 숙제나 약, 정장과 신발, 좋아하는 CD와 iPod 그리고 타자 헬멧 등을 잘 챙겨야만 한다.

앞으로 아이들이 얼마나 많이 이런 일을 반복해야 하는가? 언제 끝날 것인가?

끝날 때까지는 정말로 끝난 것이 아니다!

유명한 야구 선수였던 요기 베라는 정말이지 적절한 말을 했다.

"게임은 끝나기 전까지는 완전히 끝난 것이 아니다."

그는 야구에 대해서 이야기했지만, 교대 시간을 보내고 있는 아이들은 분명히 그의 말에 동의할 것이다.

교대 시간은 부모가 새로운 곳에 정착한다 해도 끝나지 않는다. 아이들이 십대가 되도 끝나지 않는다. 부모 사이를 왕래하는 것은 아이들이 열여덟 살이나 스물한 살이 되어도 끝나지 않는다. 그들이 이십 대 중반이 되어도 마찬가지이다. 심지어는 부모나 할아버지가 된다 해도 끝나지 않는 것이다.

두 개의 나누어진 집에 두 부모가 있는 한, 그리고 그들이 아이들과 관계를 지속하기를 원하는 한, 둘로 나뉘어진 삶은 계속된다. 아이들이 두 집 사이를 왕래하는 한 지속된다. 부모가 살아있는 한 교대 시간은 존재하는 것이다. 그것은 끝나기 전에는 끝난 것이 아니다.

"잘 있어요, 다음에 또 봐요!"라는 말은 늘 나를 아프게 한다…나는 "안녕, 반가워요!"라는 말이 필요하다….

— 찰스 M. 슐츠(Charles M. Schulz), *Peanuts*

제2장
기다리고 바라던 시간

보고 싶은 엄마에게,

휴! 간신히 아빠를 만났어요. 공항에서 세 시간이나 아빠를 기다렸거든요! 아빠는 오늘 내가 이곳에 도착한다는 사실을 까맣게 잊고 있었어요. 아빠가 하는 일이 너무 많나 봐요. 아빠는 나를 사랑하고 나와 함께 있게 되어서 무척 기쁘다고 말했어요. 그런데 어떡해요, 엄마! 벌써 엄마가 너무나 보고 싶어져요. 앞으로 몇 달은 더 있어야 될 텐데요. 엄마, 잊지 마시고 내 친구들에게 새로 만든 제 전화번호와 이메일 주소를 알려주세요. 아 참! 미안해요 엄마! 이메일 주소 부탁한 것은 잊어버리세요. 이메일 비용이 너무 비싸니까 차라리 그 시간에 더 나은 것을 하라고 아빠가 말했거든요. 조지에게 잘 있으라고 전해 주세요.

사랑해요, 엄마!
A가

시간이 너무 천천히 간다고 느끼지 않나요?

 아주 오랫동안 미루어 오던 휴가를 기다릴 때 시간이 너무 천천히 가는 것처럼 느꼈던 적을 기억해 보기 바란다. 하루가 너무 길고 시계는 아주 느릿느릿하고 조심성 있게 걷는 코끼리 걸음처럼 너무 안 간다. 아마도 그럴 때면 심지어 시계가 고장이 난 건 아닐까 싶어서 이리저리 점검을 해 본다. 학교가 마치기 전에 시간을 계산하던 때를 기억해 보라. "다섯, 넷, 셋, 둘, 하나 – 야호! 이제부터 자유다!"라고 외쳤을 것이다.

이처럼, 교대 시간을 보내고 있는 아이들도 시간을 센다. 그들은 늘 일주일, 하루, 한 시간, 일 분을 손꼽아 세고 있는 것이다.

"아빠를 만나려면 며칠 남았지?"

"삼 일도 더 남았나?"

"아빠를 다시 만나려면 몇 주가 지나야 되지?"

"엄마가 우리를 몇 시에 만날 수 있을 거라고 말했지?"

"엄마가 정각에 도착했으면 좋겠는데, 나는 기다리는 건 딱 질색이거든."

기다리고 바라던 시간

기다림은 교대 시간을 보내고 있는 아이들의 일상사이다. 그들은 함께 있지 못하는 부모, 보고 싶은 형제 자매들, 남겨두고 떠난 친구들을 보기를 고대한다. 그들은 또한 두 세계가 아닌 한 세계에 속해 있다는 것을 느끼기를 기다리며, 언제 부모를 방문할 것인지를 자신이 결정할 수 있는 때가 오기를 기다린다.

그리고 아이들은 식당, 주차한 차, 공항, 할아버지 집, 학교 혹은 주간 탁아 시설 그리고 감독관의 관할 아래 있는 방문처나 인계소 등지에서 아빠나 엄마를 기다린다. 무슨 일이든지 늦거나 아니면 이와는 대조적으로 항상 정확해야 직성이 풀리는 사람의 기준이 되는 것이 바로 시간이다. 시계가 약속 시간을 지나쳐 가려고 하면, 압박감이 서서히 일기 시작하고, 급기야 신경이 곤두선다. 의문과 동시에 걱정이 시작된다.

'이전처럼 부주의한건가? 또 늦게 떠난건가? 아마도 교통 상황이 너무 안 좋아서 그런 걸 거야. 혹은 사고가 생겼을지도 몰라. 아니면 내가 오늘 오는 것을 깜빡 잊으셨나?'

> "엄마와 함께 있어야 하는 너무나 소중한 시간이 똑딱거리며 지나가고 있다. 금요일 밤 영화를 보기는 틀렸다. 엄마와 함께 피자를 먹는 건 지금 상황으로는 무리일거야. 엄마는 늦고 나는 배고프고, 마지막 시험 보고 짐을 싸느라 너무 힘들고 지쳐있는데, 엄마, 제발

빨리 와 주세요. 안 그러면 그냥 여기 의자에 주저앉아 잘지도 몰라요."

아빠(엄마)를 너무 보고 싶어 기다릴 수가 없어요

"누군가를 기다리기란 힘든 일이에요. 나는 날마다 달력에다 X표시를 하고 밝은 핑크색으로 표시를 해 놓아요. 이러한 행동들은 전에 산타클로스와 크리스마스를 기다리던 때를 생각나게 해요. 하루하루 지나갈수록 기다림의 끝은 가까이 오고 있어요.

1월부터 시작해서 6월까지 기다리는 건 너무 힘들어요. 너무 긴 기간이에요. 학교가 방학을 하면 아빠는 사업차 여행을 가셨고, 아빠가 집에 계실 때면 나는 운동경기에 나가야 했어요.

아빠 집에 있는 내 방은 어떻게 생겼을까 궁금해요. 아빠는 내가 좀 더 편하게 느낄 수 있도록 다시 분위기를 바꾸겠다고 말씀하셨어요. 짙은 남색은 나에게는 도무지 맞질 않아요. 엄마가 여기에 계시면 얼마나 좋을까요. 엄마는 우리에게 딱 맞는 방을 꾸미는 데 선수시거든요.
아빠한테 할 말이 너무 많아요. 아빠는 내가 최근에 사귀기 시작한 남자 친구나 에세이 상을 받은 일 그리고 제일 친한 친구와 심하게 다투었던 일들에 대해서 아직 듣지 못하셨어요. 아빠는 데이트할 때 어땠는지, 아빠도 제일 친한 친구와 싸운 적이 있으신지 궁금해요."

아빠나 엄마를 만나려고 기다리는 것은 아이가 자기가 살아가고 있는 삶의 모습을 있는 그대로 받아들이기 힘들게 만든다. 두 세계에서 사는 것은 아이를 더욱 더 혼란스럽게 만든다.

'다른 세계에는 무슨 일이 있을까?'
'엄마는 잘 지내고 계실까?'
'아빠의 건강은 괜찮으신가?'
'양엄마가 아빠한테 잘하시나?'
'만일 내가 양아빠를 정말로 좋아한다는 것을 알면 아빠가 몹시 화를 내지 않으실까?'

아빠나 엄마에게 가야 할 시간이 다가오면, 아이들은

최근에 일어나고 있는 일들에 대해서 관심을 갖지 않으려 하기도 하는데, 그 이유는 이제 곧 다른 세계에 있는 부모 중 다른 한쪽을 만나야 하기 때문이다. 하지만 어떤 아이들은 자신이 전혀 다른 곳으로 떠나지 않을 것처럼 행동한다.

아이들은 지금 함께 있는 아빠나 엄마에 대해서는 어떻게 느끼고 있을까?

이 점이 바로 두 세계에서 사는 아이들이 갖고 있는 이러지도 저러지도 못하는 딜레마이다. 부모 중 다른 한쪽을 보고 싶어서 참지 못하고 안달이 난 채 갈 날만 기다리지만, 막상 그곳에 도착하면 바로 방금 떠나온 아빠나 엄마를 그리워하게 된다는 것이다. 아이가 어리면 어릴수록, 그들의 마음속에 떠오르는 다른 부모에 대한 이미지를 참는 것이 더 힘들다. "보는 것이 믿는 것이다"(seeing is believing)라는 속담은 나이 어린아이들에게 딱 들어맞는 말이다.

어린아이가 다섯 살 정도가 되기까지는 직접 부모를 눈으로 봐야 그 부모가 잘 있다는 걸 확인할 수 있다. 부모 중 어느 한쪽을 떠난 어린아이는 즉시 외로움을 느끼는데, 때때로 그 어떠한 위로도 통하지 않을 정도로 심각할 수도 있다.

의붓형제와 자매들을 보고 싶어서 참을 수가 없어요

"나는 주안이 보고 싶어요. 우리는 엄마 집에서 방을 함께 쓰고 있어요. 그는 나한테는 형이자 보호자예요. 만약 괴물이 나타나 나를 괴롭히면 자기가 혼내 주겠다고 말해요. 주안이 왜 나와 같이 여행하지 못할까요? 주안은 낚시와 캠핑을 좋아해요. 엄마는 내가 우리 아빠를 방문하러 갈때 주안도 그의 아빠를 방문하러 가야 한다고 말씀하세요. 참, 유감이에요. 나는 자넬리가 여름학기에 나를 도와줄 수 있도록 여기에 같이 있었으면 좋겠어요. 자넬리는 생물학에 도사거든요(내가 좀 실없는 소리를 했네요). 언젠가 자넬리에게 '넌 커서 반드시 의사가 되어야 해'라고 말한 적이 있어요. 그랬더니 자넬리는 빙그레 웃더니 나한테 어디 아픈 데 있냐구 묻는거예요. 자넬리는 지금 자기 아

빠하고 알래스카 여행 중이에요. 어떤 사람들은 운도
참 좋아요."

화제를 의붓형제나 이복형제, 혹은 친형제 자매로 잠시 돌려본다. 그들로부터 수용되거나 거절당하는 경험은 그들이 현재 집에 함께 살든 안 살든 상관없이 아이들의 삶에 엄청난 영향을 준다.

"나는 베키가 나를 항상 좋아해 주길 바랬어요. 베키는
나보다 나이가 많지만, 우리 둘 다 엄마처럼 빨강머리
를 가졌다는 독특한 공통점을 가지고 있어요. 베키는
서부에서 살게 되어 자주 보지 못하지만, 난 가끔 베키
를 생각하곤 해요. 베키는 우리 엄마가 낳은 딸들 중에
서 첫째예요. 베키는 어떻게 그렇게 멀리서 살 수 있을
까요?"

가족은 아이들을 위한 것이다. 어떤 아이가 어느 부모 아래에서 양육받느냐에 따라 생기는 문제와 갈등들을 아이들은 이해하지 못한다. 힘에 관한 한, 아이들에

게 당신은 부모이거나 혹은 나이가 더 많은 아이이다. 아이들은 형제나 자매가 많은 것을 좋아하며, 또한 함께 있기를 원하는데, 특히 기분 좋은 일이 있을 때나 무섭고 두려운 일이 발생할 때면 더욱 그렇다. 그들 옆에 그래도 형제자매가 많은 것이 힘이 되는 것이다.

친구들이 보고 싶어 못 참겠어요!

"나는 세상에서 제일 예쁘고 가장 친한 나의 친구들을 너무 보고 싶어요. 그리고 DDR 게임에서 챔피언을 다시 하고 싶어요. 여름을 보내기 위해 집을 나서면서 나는 DVD 플레이어의 정지 버튼을 누르는 것처럼 이 순간을 정지시키는 버튼을 누르는 상상을 해요. 그리고 다시 집으로 돌아와서 재생 버튼을 눌러서 삶을 다시 시작하는 거죠. 그런데 실제 삶에는 정지 버튼이 없잖아요.

가장 친한 친구가 다음 주에 이사해요. 내가 생각했던 여자 아이는 매우 매력적이었고 나를 좋아했었어요(이메일로 많은 감정을 주고 받았구요. 전화로도 오랫동안 이야기 했었지요). 그 애는 지금 열여섯 살이 되었는데, 여름 동안 그 여자 애와 함께 있지 못하면 나는 그 아이의 진짜 남자 친구가 될 수 없었어요. 이런 생활 속에서 나는 단지 낯선 사람에 불과해요. 어떻게 이런 일이 일어날 수 있어요?"

반면에, 세월이 지나도 좋은 관계를 계속 유지할 만큼 믿음직한 친구들도 있다. 그들은 교대 시간을 통과하고 있는 친구와 비록 잠시 떨어진다 해도 견디어 내는 것이다.

"셀리는 너무 좋은 친구예요. 내가 떠나면 셀리는 이런 저런 재미있는 이야깃거리들을 모아요. 그리고 사진을 찍어서 나한테 이메일로 보내주기도 해요. 학교 치어리더 코치가 조금 일찍 연습을 시작하자고 말했을 때, 셀리는 주저없이 코치에게 그러면 내가 이 연습에 참여할 수 없다고 말해주었어요. 정말 좋은 친구가 아녜요? 셀리 없이 무엇을 한다는 것은 상상할 수도 없어요. 셀리는 우리 엄마 가게에 들리곤 하는데 엄마가

진짜로 어떻게 지내시는지도 전해줘요. 그리고 엄마는 항상 내가 멀리 있어도 소외되지 않도록 셸리가 애쓴다고 칭찬하세요."

아이들은 다니고 있는 학교나 교회, 직장 그리고 지역사회에 보다 활발하게 참여할수록 아빠와 엄마의 두 세계에 사는 것이 더 어려워진다.

만일 아이들이 어느 주말에 부모를 만나러 가야 하기에 아르바이트 일을 못하게 된다면 주인은 다른 사람으로 대체할 것인가?

또한 그들이 봉사하는 자선 행사가 다른 부모를 만나러 주말에 다른 도시로 가야 하는 날에 일정이 잡혀 있으면 어떻게 해야 하나?

또한 만일에 부모를 만나기로 철썩같이 약속한 금요일 밤이나 주말에 운동경기나 치어리더 모임 그리고 음악 연주 행사가 있을 경우에는 또 어쩌나?

랍비, 신부님, 이맘(imam, 이슬람의 예배인도자)이나 목사님들이 만일 예배에 빠지면 혹시나 아이들의 믿음을 의심하지 않을까?

하루빨리 두 세계가 아닌 한 세계에 정착하고 싶어요

부모가 더 이상 한 집에서 살지 않게 되면, 그동안 유지되었던 하나의 세계가 파괴되고 두 개의 세계가 만들어지는 셈이다. 그동안 익숙하고 의지했던 모든 것, 심지어는 나빴던 것들도 바뀌게 된다. 일상적으로 반복되던 시간들과 일들이 혼란스러워진다.

> "이제 아빠는 매주 월요일, 수요일 그리고 금요일에 요리하기 위해서 이곳에 오시지 않아요. 엄마가 밤늦게까지 일을 해야만 할 때 누가 롯시를 발레장까지 데려다 주나요? 엄마가 밤늦게까지 두 가지 일을 하고 집에 돌아오면 파김치가 되기 때문에 이제는 앨리스가 세탁을 맡아서 하고 있어요. 이젠 우리 식구 중 누구도 예전처럼 잠자기 전에 이야기를 나누던 시간을 더 이상 가질 수가 없게 되었어요.
> 숙제는 이제 나 혼자 해야 해요. 엄마가 부엌 청소 할 때 아빠가 항상 우리 숙제를 도와주셨는데. 그리고 일요일 저녁에 우리는 무엇을 할지 모르겠어요. 아

> 빠 없이 하는 보드게임은 재미도 없고 전처럼 즐겁
> 지도 않아요. 아빠는 승부욕이 강했어요. 팝콘도 아
> 주 잘 만들었어요. 큰 팝콘 기계를 사오셨었거든요.
> 그런데 휴우! 이 모든 것이 다 변하고 만 것이죠. 내 친
> 구 마리아의 아빠는 집을 떠난 후부터는 스페인어로만
> 말씀하세요. 그분은 미국식 사고방식이 자기 가족을
> 엉망으로 망쳐놓았다고 믿고 있으시거든요. 그래서 더
> 이상 영어를 사용하지 않으신대요."

일상적인 생활과 일들은 지지, 안정, 지속성 그리고 보호받음 등의 느낌을 가지게 한다. 가족들이 함께 나누는 익숙한 말이나 행동들은 뭔가 당황스러운 일들이 생겼을 때 우리들을 위로해 주고, 어려웠던 과거를 기억하게 함으로써 새로운 용기를 준다. 한마디로 말해서, 우리가 희망찬 미래를 향하여 나갈 수 있도록 이끄는 것이다.

다음과 같은 일들을 상상해 보라. 당신의 아침 일상이 달라졌다면? 보통은 아침을 집에서 먹었는데 오늘은 차 안에서 음식을 주문해 먹는다. 매일 한 잔의 커피를 마시고 느긋하게 신문을 읽으며 하루를 시작했는데 오

늘은 커피도 마시지 못했고 신문 읽기는 저녁 때나 가능하다. 일상 생활의 리듬이 뒤죽박죽되었다고 느낄지도 모른다. 그 결과 성질날지도 모른다. 우리처럼 아이들도 일상적인 생활을 좋아한다.

아이들도 평소 생활의 리듬에 어떤 변화가 일면 성미가 사납게 변한다. 그렇기 때문에, 아이들이 아빠와 엄마의 서로 다른 두 세계에 어느 정도 공통점이 있다는 것을 느끼게 해주기 위해서, 먹고 자는 것, 사랑과 훈계 등을 양쪽 집에서 유사하게 받을 필요가 있다.

새로운 세계가 아이들이 이미 익숙해 있던 생활을 지속하도록 도와줄 수 있을까?

아이들이 침대에서 빠져 나오자마자 먹을 것을 찾기 위해서 여기저기 뒤적인다거나, 거의 정오까지 TV 리모컨을 손에서 놓지 않고 있다면, 세상은 아이들에게 관대하지 못하다.

"두 집이 아니라 내 가정이라고 부를 수 있는 하나의 집을 빨리 가졌으면 좋겠어요. 많은 집을 가지고 있는 유명한 사람들은 그럴 수가 있겠죠. 내 모든 것이 한

장소에 있었으면 좋겠어요.

아빠 집에 있을 때 읽고 싶은 책이 생각났는데 하필 그 책이 엄마 집에 있지 뭐에요. 또 반대로 엄마 집에 있을 때에는 아빠 집에 있는 CD가 듣고 싶을 때가 있어요. 지금 저에게 집은 아빠, 엄마가 각각 살고 있는 곳이에요. 나는 한 곳에 속하고 싶어요. 주소도 한 곳이구요, 집이라고 부를 수 있는 곳이 한 곳이기를 원해요.

나는 지금 반은 이쪽 세계에서, 또 다른 반은 다른 세계에서 살고 있어요. 이것이 나를 미치게 만들 수도 있다고 생각하지 않나요? 정신병 아니면 다른 어떤 병에 걸릴 거 같아요? 어쩌면 다중인격이 될지도 몰라요.

아빠는 내가 활력이 넘치고 원기왕성해서 좋아하세요. 우리는 골프를 치고, 보트도 타고, 배로 항해도 하고, 하이킹도 가고, 스키도 타지요. 우리는 항상 바쁘게 움직여요.

아빠가 그러시는데 엄마는 사고를 당하기 전까지는 나처럼 활기가 넘치셨대요. 엄마는 에너지가 많아서 아빠가 하는 모든 것을 하셨어요. 그런데 이 모든 것이 바뀌어 버리고 만 거예요.

엄마는 내가 조용할 때면 행복해하세요. 엄마는 책을 쓰기 위해서 컴퓨터 앞에 앉아 계세요, 그래서 엄마는 내가 책을 읽거나 엄마가 가장 좋아하는 취미인 퀼트를 하고 있기를 원해요. 거실에서 내가 좋아하는 신나는 음악에 맞춰서 춤을 춘다는 것은 꿈도 못 꿔요. 그래서 헤드폰을 끼고 이런 음악을 들어요. 사실, 저의 세계는 결코 조용하지 않거든요."

아빠, 엄마를 방문할 시간을 내가 결정하는 날이 빨리 왔으면 좋겠어요

어쩔 수 없이 해야만 하는 교대 시간은 끝날 것이다. 강압적으로 요구된 아빠와 엄마를 방문하는 일은 멈출 것이다. 아이는 어느새 성인이 되어 부모를 방문하는 시간을 스스로 결정할 것이다.

"아빠나 엄마를 방문하는 시간을 내가 결정할 수 있는 날을 학수고대하고 있어요. 여름에 엄마를 방문하여 꽃밭을 볼 수 있다면 정말 좋을 거예요. 나는 꽃이 피는 모습을 보지 못했거든요. 아빠 생일이 있는 12월 말에 아빠를 방문하느라 크리스마스 휴가를 놓고 타협하는 일은 더 이상 없을 거예요. 그러면 크리스마스와 새해 사이에 언제든지 나는 아빠를 만날 수 있겠죠."

"나는 족쇄에서 방금 풀려난 것만큼이나 자유함을 느낄 거예요."

"왔다 갔다 하는 것을 마음대로 선택할 수 있다는 사실에 나는 너무 기쁠 것 같아요."

"나를 데리러 오는 아빠, 엄마를 만나기 위하여 허겁지겁 달려야 하는 기억들을 나는 그리워하지 않을 거예요(너는 왜 이리 짐이 많니?). 이러한 일들은 거의 늘 예상보다 시간이 더 걸렸는데…이상하게도 뭔 일이 발생하곤 했기 때문이에요.
심각한 교통체증이 있거나 차에 기름이 모자랐거나 열쇠를 찾지 못했던 일이 있었죠. 또 한 번은 메리가 선물 가게 갔다가 제 시간에 차로 오지 못했어요.
또 우리는 크리스마스 장식을 만들고 있었던 이복동생인 민디를 데리고 와야만 했었고, 그 후 의붓동생 란디를 초등학교에 가서 만나야만 했었어요. 란디는 성적표를 작성하시는 선생님을 도와주고 있었어요. 란디 엄마가 전구 가게에서 일을 하고 계셨기 때문이에요. 엄마 아빠는 내가 좀 더 일찍 만나기를 바랐던 것을 잊어버리기도 하셨어요."

"나는 모든 것을 들었어요. 끝날 때까지 참고 기다릴 수 없어요."

"내가 집으로 가고 싶어 안달이 났을 때 느꼈던 죄책감을 기억하지 않을 거예요…가고 싶은 곳은 아빠나 엄마의 거주지가 아니라 바로 내 집이었거든요."

"그 집에 머무는 동안 그 집 아이들이 다른 쪽 부모를 방문하러 떠나서 나 혼자 외로워하던 때를 그리워하지 않을거예요. 나는 마지막 '교대 시간'이 빨리 오면 좋겠어요. 근데 아빠는 나에게 헛 꿈 꾸지 말라고 하세요.

하지만 난 정말 그러길 바라요."

누군가를

몇 시간 안 봤는데 마치 몇 달 안 본 것 같고,

며칠 안 봤는데

마치 몇 년 동안 떨어져 있는 것처럼 보게 하며,

모든 잠깐의 부재를

아주 오래된 것처럼 느끼게 하는 것,

그것은 바로 사랑입니다.

- 존 드라이든(John Dryden)

제3장
간절히 바라지만 오지 않는 시간

안녕하세요 할머니!

잘 계셨어요? 저는 기분이 별로예요.

요즘 아빠 본 적 있으세요?

엄마가 아빠한테 전화번호 가르쳐 주었다는데

전화 안 하세요?

제 생일도 잊고. 무지하게 바쁜 게 틀림없어요.

아빠가 할머니도 잊어버리고 있나요?

카드와 용돈 보내주셔서 고마워요.

모아서 자전거 살 거예요.

아빠한테 내가 아빠를 기다리고 있다고 말해줄 수

있으세요?

아빠가 나보다 새로 생긴 아이들을 더 사랑하고
있다고 할머니는 생각하세요?
할머니, 정말로 사랑해요.
언제 다시 할머니를 만날 수 있나요?

사랑해요. 손녀가!

시간도 별 도움이 되지 못할 때

인생을 살아가면서 부딪히는 최악의 상황에서 우리는 이러한 말을 자주 듣곤 한다.

"시간에 맡겨봐. 시간이 가면 나아질거야. 알았지, 이 시간이 지날 때까지 끝까지 기다리는 거야."

아마도 좋은 뜻에서 그렇게 말하는 친구가 종종 옳을 수도 있다. 차가 수리되고, 수술 자국이 아물고, 새로 애인도 생긴다.

그런데 시간도 도움이 되지 않으면 어떻게 하나?

시간이 지나도 문제가 수그러지지 않을 때는?

이 질문이 바로 아이들이 이겨내기를 바라는 모든 역경이다.

기다려도 오지 않는 시간

아이들은 굉장히 낙관적이다. 그들은 희망으로 꽉 차 있다.

> "이혼의 슬픔이 가시면, 아빠는 나한테 전화하실 거야. 아빠가 양육비를 지불하기 시작하면, 엄마는 그렇게 심하게 일하지 않으셔도 될 거야. 만일 내가 좀 더 자라면, 아빠는 나와 시간을 보내고 싶어 하실 거야."

하루가 가고 해가 바뀐다. 그리고 아이들은 여전히 기대한다.

아빠가 나를 보러 오던가 아니면 나보고 오라고 하던가

"내가 다섯 살 때 아빠는 떠나셨어요. 아빠는 너무 먼 곳으로 가셔서 만나기는 어렵지만, 전화로 자주 얘기하자고 하셨어요. 몇 년 동안 아빠는 생일 선물을 꼭 보내주셨어요. 그런데 아빠는 어느 크리스마스 때인가 나를 한 번 만나시고는 연락을 뚝 끊으셨어요. 내가 얼마나 아빠를 보고 싶어하는지 모르시나봐요.

나는 아빠가 풋볼을 가르쳐 주시면 좋겠어요. 아빠가 지금 나를 보면 예전보다 더 나를 좋아할 것이라고 생각해요. 아빠는 훌륭한 풋볼 선수였어요. 아빠는 대학생 때 받은 트로피를 여기에다 놓고 떠나셨어요. 근데 엄마는 그 트로피를 쓰레기통에 집어 던지면서, '네 아빠는 우리보다 그 놈의 풋볼을 더 좋아한단다. 일 년에 반은 아빠가 뭐하며 지내니? 광적인 친구들과 쇼파에 앉아서 풋볼이나 보면서 술 마시는 거밖에 더 있니?'라고 말씀하셨어요.

나는 아빠나 풋볼에 대해서 엄마한테 강의를 들을 줄 몰랐고, 단지 풋볼을 배우고 싶었을 뿐이었어요. 내가 비록 연도를 기억하고 있지는 못하지만, 아빠는 대학팀 최고 풋볼 선수였어요. 그런 아빠의 아들은 풋볼을 어떻게 하는지 알고 있어야 한다고 생각해요. 삼촌이 나에게 가르쳐 줄 수 있지만, 아빠는 엄마와 삼촌을 최악의 형편없는 짝이라고 비난했죠.
아빠는 나를 기억하기는 하나? 아빠한테 새 아들이 생겼나? 나는 항상 아빠의 최고의 아들일 거예요. 이것은 나에게 매우 중요해요."

부모가 이혼한 아이들 중 거의 절반 이상이 아빠가 자신에게 와서 좀 만나주기를 거의 구걸하다시피 하고 있다. 자신에게 전화하고, 편지도 좀 써 주고, 이메일을 보내주고, 그 외에 어떤 것이라도 해 줄 것을 요청하기 위해서 아빠와 엄마를 기다린다.

아이들은 부모로부터 잊힌 존재인가?

그들은 오지 않는 교대 시간을 갈망한다.

"엄마가 설거지할 필요가 없도록 우리는 항상 종이접시를 사용하곤 했는데, 마치 그 종이접시처럼 우리는

'쓰고 버려진' 가족이라고 생각해요. 아빠는 사랑이 많았고 친절했지요. 숙제도 도와주시고, 우리를 무척 사랑한다고도 말씀하셨어요. 하지만 내가 막 열한 살이 되었을 때 아빠는 떠나셨어요. 엄마와 아빠는 한바탕 난리를 치르다가…도대체 무엇 때문이었을까…맞아, 아빠가 애지중지하시던 무스탕 차를 고치는 데 쓴 돈 때문이었던 것 같아요.

그래요, 아빠는 무스탕을 타고 우리를 떠났어요, 자기 가족을 버리고서. 그 후 한 번도 집으로 돌아오지 않았어요. 유리창이 깨지도록 문을 거칠게 '쾅!' 하고 닫고 나서, 무스탕 타이어의 끼익 소리를 내며 아빠는 떠나 버렸어요.

그 모든 것이 다 거짓말이었다고 추측해 보세요. 아빠가 나에게 했던 모든 달콤한 말. 예를 들면, '너는 고등학교에서 제일 귀여운 여학생이 될 것이다'라거나 '너가 아무리 나이가 들더라도, 너는 언제나 나의 작은 딸이 될 거란다'라는 얘기들 말이죠.

이미 고등학생 시절이 지났는데도 아빠는 내가 여전히 귀여운지 아닌지 모르고 계세요. 그럼에도 불구하고, 나

는 아직도 아빠의 귀여운 딸이라는 것을 믿고 있어요."

친부모와 함께 시간을 보내기 바라는 아이들은 다음과 같이 질문한다.

"아빠 지금 어디에 계세요?"

"엄마, 왜 저를 보기 원하지 않는거죠?"

우리 아이들은 아빠와 엄마가 얼마나 성공했느냐 혹은 실패했느냐에는 그다지 관심이 없다. 그들은 우리가 얼마나 많은 돈을 버느냐에 개의치 않는다. 물론, 우리가 제대로 아이들 양육비를 지불하면 아이들의 삶은 훨씬 더 수월해진다.

그럼에도 불구하고 아이들이 진짜 원하는 것은 바로 당신, 즉 부모이다. 우리 자신이나 배우자에 대해서 어떻게 느끼는지 관계없이 아이들에게 중요한 것은 당신이다. 우리 아이들은 비록 부모가 이혼했음에도 불구하고 여전히 생일날이나 휴일을 바라고 기다린다. 그들은 "미안해"라는 말을 듣고 싶어 하지 않는다. 그들은 "아마도 올해 아빠한테 연락이 올거야" 혹은 "이번 내 생일날에는 엄마가 분명 나를 초청할거야"라는 희망을 갖고 있는 것이다.

부모는 쓰레기처럼 내다 버릴 수 없으며, 대체할 수도 없는 존재이다. 아빠나 엄마는 각각 아이들이 정말 가장 사랑하며 가까이 하고픈, 태양과도 같은 매우 특별한 사람이다. 아이들이 다섯 살이든, 열다섯 살이든 혹은 쉰 살이든 상관없이, 그들은 자신들이 부모에게 각별한 존재라는 것을 알고 싶어한다.

부모님이 좀 성숙해지셨으면 좋겠어요

"아빠는 성숙하지 않은 어린아이 같아요. 나 어렸을 때 아빠는 하루 종일 닌텐도 게임을 하시고 밤새도록 파티를 하시거나, 해가 이미 중천에 뜬 정오까지 주무셨어요. 할머니는 아빠가 성숙해질 거라고 하시며, 아빠가 어린 나이에 일찍 아버지가 되어서 자기의 잃어버린 어린 시절을 보충하고 있을 뿐이라고 하셨어요. 나는 그 말을 이해하지 못했어요.

여기 아빠의 사진이 있는데, 아빠의 머리 뒷모습이에

요. 아빠와 같이 있을 때 항상 보는 모습이고, 심지어 오늘 내가 볼 수 있는 아빠의 모습도 바로 이 모습이에요. 아빠는 지금 닌텐도 게임을 안 하고 컴퓨터 앞에서 일하고 계세요. 아빠는 현대 기계가 있기 때문에 사무실뿐만 아니라 집에서도 일할 수 있다고 말합니다. 컴퓨터와 팩스만 있다면 아빠는 일할 수 있다고 하세요. 주식거래는 매우 쉬운 직업임에 틀림없어요, 왜냐하면 한 시간 정도 일하시고 나서 아빠는 다른 것을 하시거든요. 아마도 아빠는 아빠가 일을 하시는지 안 하시는지 보기 위해서 내가 뒤로 몰래 들어오는 걸 모르실 거예요.

아빠가 일하시는 중에 컴퓨터에서 벌거벗은 사람들 사진을 보고 있다는 것을 분명 그의 회사 사장님은 모르실 거예요. 엄마에게 이메일을 보내려고 하다가 갑자기 화면에 튀어나오는 것들을 보게 되었는데, 그것들은 정말이지 천박하기 그지없어요. 삭제 버튼을 누를 때 더럽다는 느낌이 너무 들었어요.

아빠는 내가 자기 컴퓨터에서 아빠가 그동안 방문한 사이트 목록을 체크하고 있다는 사실을 모를 거예요.

정말이지, 아빠는 참으로 불쌍한 사람이에요! 아빠가 돈을 내고 보고 있는 사진이나 동영상이란! 내가 나이가 더 들어서 나와 함께 아빠가 시간을 보내고 싶을 때, 나도 이런 것을 보는 것을 좋아할 거라고 생각하시지 않기를 바라요. 내게 이런 것들은 너무 역겹거든요. 나는 탁자 위에 펼쳐져 있는 아빠가 보시는 잡지들을 뒤집어 놓고 그 위에다 뭔가 고상한 것들로 덮어 놓곤 해요. 나는 아빠가 나이가 좀 더 드시면 언젠가 변하시리라 생각했어요. 할머니는 아빠를 잘못 키우셨어요."

아이들은 이혼이 자신의 부모를 변하게 할 것이라고 종종 생각한다. 부모는 이혼도 다 지나갔고 본인들이 이전보다 더 행복하다고 말하기에, 자신에게 더 나은, 사려 깊고 책임감 있고 사랑이 넘치는 아빠나 엄마가 되리라고 기대하는 것이다. 그러나 불행히도 그렇지 않은 경우가 왕왕 생긴다.

앞서도 말했지만, 아이들은 아빠나 엄마가 이전보다 더 행복하다고 말하기 때문에, 자신과의 관계가 더 나아질 것이라고 예상한다. 교대 시간을 보내고 있는 아이들은 부모가 자신에게 진심으로 관심을 쏟아붓는 날이 오기를 학수고대하고 있다. 아이들은 부모가 자기의 말에 귀기울이고, 함께 이야기하기를 바라며, 부모로부터 인정받고 싶어 한다. 아이들은 부모와 함께 있고 싶어 한다. 부모와 함께 시간 보내기를 갈망한다.

> "엄마는 항상 나한테 함께 시간을 보내겠다고 약속했어요. 엄마와 함께 뭔가 재미있는 일이나 엄마가 하고 싶은 일들. 엄마가 쇼핑하는 것을 지켜본다거나, 미용실에서 머리 손질하는 일, 또는 정말로 지겨운 손톱과 발톱을 다듬는 일들을 졸졸 따라다니는 일 말고요. 엄마는 함께 있는 동안에 내가 심부름 노릇만 하며 시간을 보내는 것에 미안하다 말했는데 항상 같은 말을 되풀이해요.
> '엄마가 너무 바빠서 이런 일을 주중에는 도저히 할 수 없거든. 알아, 너가 나와 한 주 걸러서 밖에는 함께 있을 수 없다는 것을. 그렇지만 어떻게 하니? 너가 여기에 오지 않을 때 나는 조셉을 만나러 비행기 타고 거기까지 가야만 하는데. 너도 알잖니? 그 애는 늘 바쁘고,

다른 아이들과 좀 다른 성격이고. 엄마는 주중에 장을 볼 수도 있었어. 하지만 너도 알다시피 주말에는 엄청난 세일폭탄을 하잖니.'

이외에도 계속 반복해서 미안하다고 말하거나 핑계를 대고….

내가 어렸을 때, 주중에 나를 돌봐주는 베이비시터가 있었어요. 난 단지 주말에만 그 베이비시터와 지낼 거라 생각했는데. 우리는 할아버지와 할머니를 방문하곤 했어요. 그래서 할아버지 할머니는 '사랑스러운 손녀'를 볼 수 있으셨죠.

그런데 만약에 정말 내가 그토록 귀엽고 사랑스럽다면, 왜 엄마는 내 옆에 계시지 않았던 것일까요? 할아버지와 할머니는 나에게 지나치게 친절하게 대해 주셨어요. 할아버지와 할머니는 나를 안쓰럽게 생각하셨지만 감히 엄마한테는 어떤 내색도 할 수 없었어요. 만일 그런 말을 하면, 엄마는 아주 거칠고 난폭한 말을 내뱉을 것이기 때문이었죠. 그 누구도 그걸 원하지 않죠."

부모님이 나를 좋아했으면 좋겠어요

결별 후에 어른들은 자신이 관계를 맺었던 사람에 대해서 잊고 싶어 한다. 만일 양쪽이 모두 관계를 완전히 청산하기 원한다면 그렇게 되는 데 별 문제가 없다. 만약에 그렇지 않을 경우, 관계를 청산하는 데 어려움이 있을 수 있다.

어쨌든, 어느 경우라 할지라도, 교대 시간을 보내고 있는 아이가 아빠나 엄마로 하여금 떠나버린 다른 한쪽 사람을 떠오르게 만든다면, 아이들에게 상처를 줄 수 있다. 예를 들면, 신랄하게 비꼬는 투로 하는 말들은 아이들의 자존감에 커다란 상처를 남긴다.

"너는 딱 네 엄마를 닮았구나!"

"너는 어쩜 그렇게 너의 아빠와 하는 짓이나 생김새가 똑같냐!"

> "나는 아빠는 어른이건 아이이건 상관없이 여자를 좋아하시지 않는다고 생각해요. 여자는 가정에 있어야 하는 이류 시민이라고 아빠는 믿고 계세요. 언니와 나

는 반드시 집안일을 하고 동생을 길러야만 했지요. 그저 그것만 하면 된다고 생각해요.

대학에 가서 아동심리치료사가 되려는 나의 희망은 아빠를 전혀 기쁘게 해 드리지 못했어요. 아빠는 여자가 대학 가는 것은 시간 낭비라고 여기실 정도였다니까요. 나는 학교를 좋아했고 전과목 올 A를 받았어요. UCLA로 진학할 예정이에요. 아빠는 내가 어떤 대학에 가든 아무 관심도 없으셨어요. 아빠는 빌어먹을 여성인권운동가가 엄마를 충동질하지만 않았으면 아빠의 삶은 지금보다도 훨씬 더 나아졌을 거라고 믿고 계세요.

약간은 이해하기가 어려워요. 친할머니는 어느 시골의 학교 선생님이셨는데, 할아버지의 농장 운영을 도와주셨어요. 하지만 사실은 할머니께서 그 농장의 운영을 도맡아 하셨어요.

내가 아빠가 엄마를 만났을 때의 엄마 모습과 너무나 닮았다는 것이 아빠와의 관계에 도움이 안 돼요. 할아버지 집을 방문했을 때 나는 아빠와 엄마가 찍었던 옛날 사진들을 보게 되었어요. 진짜로 사진 속 엄마를 보

> 니까 마치 나를 보고 있는 것만 같더군요.
> 아빠가 내 모습이 엄마를 닮았다는 것만 말씀하셨으면 그래도 좀 나았을 거예요.
> 하지만 아빠는 남자 애들이 여자 애들에 비해 얼마나 더 영리하고 똑똑한지 계속 귀찮을 정도로 반복해서 말씀하셨어요. 그리고 몸무게에 신경을 좀 쓰라느니 그렇지 않으면 나를 좋아할 남자는 한 명도 없을 거라고도 말씀하셨어요.
> 나는 아빠를 사랑하지만, 여름에 아빠를 방문하고 나면 나는 추수감사절까지 우울해요."

아이들은 아빠, 엄마 모두를 뜨겁게 사랑한다. 물론, 부모가 더 이상의 관계를 하지 않고 완전히 끊어버리겠다고 결심하기까지에는 그만한 이유가 있을 것이다. 그러나 우리가 반드시 기억할 필요가 있는 것은 이것이다.

즉 우리가 남편이든 아내이든 상대방으로부터 받았던 가장 기분 나쁘고 당황스러웠던 기억으로부터 거리를 둘 수 있는 반면에, 아이들은 일 년을 같이 있었든 이

십오 년을 같이 있었든 관계없이 여전히 두 개의 세계 사이에서 살아가야 한다는 것이다. 아이들은 부모가 무엇을 했든지 간에 사랑하기 마련이다.

> "내가 아빠와 함께 시간을 보내면 엄마는 아직도 내가 엄마를 배신하고 있다고 느끼세요. 무지하게 많이 약속했음에도 불구하고 아빠가 술을 끊으실 수 없다는 것을 나는 알지요. 사실, 아빠는 우울증에 빠져 있고 방안에서 여러 날 동안 꼼짝 않고 틀어박혀 계실 때도 있어요. 그럴 때면, 나는 텔레비전을 보거나 책을 읽고, 아빠가 화장실에 가기 위해 방에서 나오시기를 기다리다가 아빠가 나오시면 '안녕! 아빠'라고 말합니다.
> 나는 아빠가 걱정돼요. 삶을 스스로 마감하려고 하셨던 아빠의 마지막 시도는 거의 성공할 뻔했어요. 아빠는 매우 취해 계셨는데, 감사하게도 수조는 거의 비워져 있었고 가솔린이 다 떨어졌다는 것을 인식하지 못하셨지요.
> 이라크 전쟁이 아빠를 황폐하게 만들었어요. 거기서

무슨 일이 일어났는지 나는 알 수 없지만, 아빠는 밤이면 비명소리를 질러댔고 실수로 여자들과 아이들을 죽였노라고 중얼거리셨죠.

나는 이전의 아빠가 그리워요. 정부기관에 있는 사람들에게 말해야 해요. 전쟁에 참여한 이들의 가족들은 훈장이나 보상금이나 구호 없이 전쟁과 싸우고 있다고. 아빠는 또 울고 계세요. 아빠는 지금 어떤 생각을 하고 계신지 궁금해요.

엄마는 아빠와 함께하기 위해서는 질기고 강인한 사랑이 있어야 한다고 말씀하세요. 아빠는 술에 찌들지 않으실 때가 없고, 방문하는 사람도 없어요. '나는 강하고 싶단다. 그러나 엄마의 마음은 약하단다.'"

부모님이 재결합했으면 좋겠어요

비록 이혼 후에 부부간에 재결합이 필요하고 두 사람이 모두 그렇게 하는 것이 좋겠다고 느꼈을지라도 실제로 별거와 이혼으로부터 회복하는 데는 시간이 걸리기 마련이다. 만일 재결합이 옳은 결정이 아니라고 부부 가운데 한 사람이 거절하고 불일치를 보인다면, 아이들은 종종 재결합을 반대하는 부모로부터 분노와 고통이 담긴 말들을 듣게 된다.

> "엄마 집에서 모든 이야기는 다 과거시제를 사용해요. 엄마는 다음과 같은 말을 반복하시곤 해요.
> '내 삶은 아주 좋았었단다. 우리 집은 주위에서 가장 컸었고, 가구들도 최고로 좋은 것들이었단다. 이 모든 것을 돌보는 데 있어 나는 항상 엘로이스를 믿었단다. 그리고 그녀가 만든 음식은 아! 정말 맛있었지! 나는 컨츄리클럽 회원이었고, 2년마다 새 차를 살 수 있었단다. 너의 아빠와 내가 결혼할 당시에, 우리는 일 년에 두 번씩 스쿠버 다이빙을 즐겼었지. 내가 네 아빠를 법학대학원에 입학시켰을 때, 네 아빠는 나에게 우리 부부를 위해서 내가 얼마나 열심히 일했는지 절대로 잊을 수 없다고 말했었단다. 네 아빠는 '우리'라는 단어를 사용했지. 얼마나 우스꽝스러운 단어냐. 그는 무슨 일이 있어도 절대로 '우리'라는 말을 이해하지 못

하고 있었단다.

아빠와 엄마가 결혼했을 때, 너희 대학 학비에 대해서 걱정할 필요가 없었단다. 내가 너와 너의 친구들을 위해서 수영장에서 파티를 열었던 것 기억하니? 내가 너희 아빠와 함께 열었던 많은 칵테일 파티를 기억하니? 아빠는 '사업을 잘 하기 위해서는 파티가 좋지'라고 말했지. 나는 아빠를 위한 그 어떤 파티라도 우리 모두를 위해서 도움이 되리라고 생각했었단다. 그래서 많은 파티를 열었었지.

아빠는 걱정하지 마, 나는 비서하고 눈이 맞아 바람나는 것과 같은 식상한 그 어떤 일도 하지 않을 테니까 라고 말했었어. 그래, 아빠가 맞았어. 자기와 새로 같이 일하게 된 나이 어린 파트너하고 눈이 맞을 줄이야. 그녀가 돈도 많았던 모양이지. 그래, 나도 날씬했고 금발머리였지. 그녀가 만일 나중에 매력적이었던 외모를 잃어버리면 다른 여자로 교체될 수 있다는 것을 알고나 있을까 궁금하단다. 엄마 옷장에 한번 가서 보렴. 엄마가 얼마나 멋진 옷들을 입었었는지를. 나도 예전에는 아주 멋진 외모를 지녔었는데.'

때때로 엄마가 과거 이야기를 또 다시 늘어 놓으실 때 내가 방안에 있다는 것을 엄마는 모르시는 것 같아요. 나는 엄마의 그리고 우리의 너무 좋았던 시절이 지나간 것은 아쉽지만, 제발 지금 현재에 집중해서 살아가면 좋겠다고 엄마에게 말하고 싶어요. 하지만 나는 그러지 않았어요. 그러면 엄마는 아마도 미쳐버릴 거예요.

엄마는 가끔 왼쪽 손에다 두 캐럿짜리 다이아몬드 반지를 일주일 내내 끼고 계세요. 그리고 우리에게 아빠가 커다란 실수를 저질렀다는 것을 깨닫고 언젠가 엄마한테 다시 돌아오게 해 달라고 간청할 것이라고 말씀하세요.

그러나 내가 장담하건데, 그런 일은 일어나지 않을 거예요. 그런 일이 일어나기를 원하냐고요? 물론, 나는 나의 아니 우리 가정의 좋았던 시절이 다시 오면 정말 좋겠어요. 그러나 불가능해요. 저는 알아요. 그러나 엄마는 계속해서 그런 날이 올 것이라고 말씀하고 계세요."

사랑하고 있는 사람이 없다는 것은
죽음보다도 훨씬 더 불행한 일이며,
절망보다도 더 가혹하게 희망을 뭉개버린다.

– 윌리엄 쿠퍼(William Cowper)
"On Her Endeavouring to Conceal Her Grief at Parting"

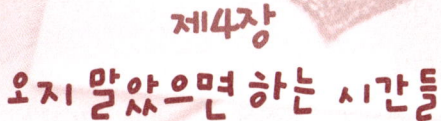

제4장
오지 말았으면 하는 시간들

안녕! 아빠!

나 좀 도와주세요! 엄마가 또 그래요. 약을 드시지 않아서 밤에 잠도 제대로 못 주무세요. 술 중독은 더 심해져 가구요.

엄마는 늘 고함을 지르세요. 아빠와 아빠의 새로운 삶과 아내에 대해서 쉬지 않고 폭언을 일삼으면서 나를 못살게 하세요.

그리고 엄마의 모든 남자 친구에게 저는 정말 진절머리가 나요. 하나같이 최악의 사람들이에요. 아빠, 나는 정말 참을 수 없어요.

제발 이리로 오셔서 나를 좀 데려가 주시면 안 되나요? 엄마하고 다시 결합하시라고 떼쓰지 않을게요. 약속해요.

엄마가 걱정돼요. 술 취한 채 운전하시다가 차 사고가 나거나, 우리들을 야단치실 때처럼 다른 아이들을 교육한다고 하다가 상처를 주면 어떻게 하죠? 다른 아이들이 걱정돼서 견딜 수 없어요. 아빠가 그 아이들의 아빠에게 말해 주실래요?

아빠, 나는 엄마를 감당할 수 없어요. 나는 엄마가 화를 내지 않도록 집을 깨끗이 하려고 애쓰고 다른 아이들을 돌보고 있어요.

나는 이곳으로 다시 돌아오고 싶지 않아요. 아빠, 제발 빨리 답장 주세요. 전화는 하지 마시구요. 엄마가 뭔가 이상하다는 것을 눈치챌 거예요. 제발요!

사랑해요!

삶에서 바라는 것들

교대 시간의 긴 여정을 지나가는 아이들은 자신의 삶이 달라졌으면 하고 바란다. 아무리 적은 시간이라도 교대 시간이 더 이상 오지 않았으면 한다. 또한 부모가 다시 결혼하거나 또 이혼하지 않기를 바란다. 물론 아주 가끔 정반대로 아이들은 부모가 재혼을 하거나 다시 이혼하는 게 더 낫다라고 생각하는 경우도 있다.

아이들은 도대체 가족이 어떻게 될 것인지 알고 싶어 한다. 그들은 자신에게 묻는다.

'나에게 앞으로 의붓형제나 자매가 생길 것인가?'

'이복자매가 더 생기는 것은 아닌가?'

또한 자신을 힘들게 만드는 부모나 의붓부모를 안 만나기를 바라고, 심지어는 휴일이 아예 안 왔으면 좋겠다는 생각까지 한다. "안녕, 저 갈께요"라고 말하며 다시 아빠나 엄마를 떠나야 하는 경험을 하기를 원치 않는다.

교대 시간이 오지 않았으면 좋겠어요

"나를 여기도 저기도 속해 있지 못하고 경계에만 머물도록 만드는 것은 바로 아빠나 엄마를 교대로 방문하는 시간이에요. 방문하면 편안하고 기분이 좋지만, 곧 다시 떠나야만 하는 시간이 오거든요.

사실, 다른 아이들(나의 의붓형제나 자매들)과 함께 엄마 집에서 적응하기 위해서는 얼마간의 시간이 필요하구요. 집안은 시끌벅적하지요. 장난감을 가지고 노는 소리는 혼란 그 자체죠. 아이들이 가지고 노는 장난감들은 토요일 오전에 하는 만화채널에서 광고하는 것들임에 틀림없어요.

엄마 집에 있을 때, 내 물건들을 가방에다 늘 보관해요. 왜냐하면 아빠를 만나기 위해서 또 다시 떠날 준비를 허겁지겁 하다 보면 어느새 잃어버리기 때문이에요.

나는 가방을 잠그곤 하지요. 반드시 휴대폰은 가방 안에다가 꼭꼭 모셔놓아야 해요. 아이들이 놀면서 내 휴대폰을 가지고 서로 말하는 것을 너무 좋아하기 때문이지요. 지난 번에는 주의하지 않은 사이에 아이들이 내 휴대폰을 사용해서 아빠가 1불을 추가로 내야만 했었어요!

엄마의 어수선하고 복잡한 집과는 달리 아빠 집은 매우 단순하고 깔끔해요. 아빠는 그저 가장 필요한 것만 가지고 있을 뿐, 다른 것은 없거든요.

엄마는 골프채, 캠핑 도구, 컴퓨터 등으로 집의 공간을 다 채우시죠. 노트북 컴퓨터는 여섯 개나 있어요. 반면에, 아빠는 스포츠를 텔레비젼으로만 보세요. 엄마는 나보고 같이 골프 치자고 하시는데, 나는 골프에 대해서 아는 것은 많지만, 단지 엄마하고 있을 때만 골프를 치기 때문에 실제로 잘 못쳐서 싫다고 말하죠. 아빠는 절대로 안 치세요!

어쨌든, 나는 엄마의 이런 생활에 적응되어 있고, 이제는 아빠한테 다시 돌아가야 할 시간이에요. 엄마나 아빠가 이 사실을 아실지 모르겠지만, 나는 항상 극심한 스트레스를 받고 있고 교대할 시간이 오면 압박을 받아요. 나 같은 아이들은 스트레스를 받기 마련이지요. 나는 위 경련과 두통에 시달려요.

엄마 집을 떠나기 전에 밥을 먹어야 하나? 아빠는 나

를 만나자마자 밥 먹으러 가자고 하시는 것은 아닌가? 나는 한 번도 정확하게 맞춰 본 적이 없어요.
오백 번 정도의 교대 시간을 준비를 하면서(어떤 사람들은 홈런 개수를 세지만, 나는 몇 번이나 교대했는지를 센다), 나는 아빠와 엄마 모두에게 물어보고 싶은 질문이 몇 개 있어요. 이러한 질문들은 항상 나를 괴롭게 만드는 것들이에요…."

아빠, 엄마, 저한테 오고 있는 거예요?

"아빠, 엄마, 맥도널드 안에서 혼자 앉아서 기다리고 있을 때 제가 느끼는 감정이 어떤지 생각이나 해 보셨나요? 안에서 기다리는 것은 정말이지 끔찍해요. 햄버거를 다 먹으면, 종업원들은 내가 죽치고 앉아 시간 때우는 걸 못마땅하게 여기고 어서 나가주기를 원한단 말이에요.
알아요, 아빠, 엄마도 항상 비행기를 기다리셔야만 한다는 걸. 하지만 내 경우는 다르잖아요. 내가 어렸을 때, 부모님이 늦게 나타나시면 나를 잊어버리셨구나

하고 생각했었어요. 부모님이 나를 잊으셨던 때를 기억하시나요?

엄마는 점점 더 신경질적으로 되어가고 있으세요. 왜냐하면 엄마의 다른 아이들이 숙제를 하거나 목욕을 하거나 잠을 자거나 해야 했거든요. 그런데 엄마는 여기서 나를 기다리고 계신 거예요, 그것도 '또 다시'.

그래요, 사실 우리도 엄마를 기다리잖아요. 엄마는 저에게 '너는 걱정해야 할 사람이 아무도 없잖니, 그러니 조금 기다려도 그다지 큰 일은 아니야. 티보(TiVo, 디지털 비디오 레코드-역주)를 보면 심심하지는 않지 않니'라고 말씀하시죠.

저는 항상 교대 시간만 되면 아빠와 엄마에게 어떤 부담감을 느낍니다."

저를 만나는 게 즐거우신가요, 아니면 힘든 운전을 해야 해서 짜증이 나시나요?

"매주 나는 아빠와 엄마의 기분이 어떨까 몹시 신경이 쓰여요. 교통이 안 막히고 아빠나 엄마한테 사고가 안

나게 해달라고 기도해요. 도로 위 공사는 나를 데리러 오는 부모님에게 악몽과 같은 골칫거리인 걸 나도 알아요. 나는 그저 아빠나 엄마가 나와 함께 있다는 사실만으로도 기뻤으면 좋겠어요."

저 때문에 짜증이 나시는 건가요,
아니면 다른 것 때문인가요?

"아빠와 엄마가 이제는 더 이상 마음이 통하지 않는다는 것을 저는 확실히 알고 있어요. 하지만 제발 저를 데려다 줄 때나 마중 나올 때 투덜대지 말았으면 좋겠어요. 내가 전에 이런 두통을 일으키는 일에 만성이 되었더라면 좋을텐데.

나의 여름캠프 비용을 위해 아빠한테 엄마가 몇 번인지 셀 수도 없을 만큼 자주 고함을 지르실 때면 너무나 지긋지긋해요. 하지만 엄마가 짜증내도록 그냥 내버려두는 수밖에 없어요!

엄마 저를 데리러 오실 때, 제가 탄 비행기가 도착했는지 안 했는지에 대해서 제발 심각하게 말하지 말아주세요. 아빠는 엄마가 너무 엄격하다고 느끼고 계세요. 엄마는 아빠를 범죄자처럼 여기시더니 내가 범죄자가 될까 염려하세요 엄마는 화이트 칼라 범죄나 은행을 터는 범죄나 별반 다를 게 없다는 것을 나한테 일깨워 주고 계세요. 은행을 터는 도둑들이 어떻게 되는지 아시죠.
나는 내가 마치 아빠와 엄마가 서로 미루는 아직 지불되지 않는 청구서와 같다는 느낌을 받곤 해요.
'자, 이거 당신이 처리해요.'
'그건 아니지, 당신이 해결할 일이지.'"

아빠, 엄마, 혹시 제가 만나야 할 누군가 처음 보는 사람을 태우고 오는 건 아닌가요?

"아빠가 어떻게 나에게 한마디 말도 없이 새로 돌보아야 할 아이를 데리고 오셔서 나를 만나실 수 있어요? 처음 보는 누군가와 아빠가 함께 있을 때 나는 뭔가 큰 덫에 걸린 느낌이에요. 나는 아직 그런 것에 대해서 이야기 나눌 준비가 되어 있지 않아요. 나는 헤어진 아빠가 보고 싶어요.

도대체 무슨 일이 벌어지고 있는 건가요? 매주 누군가 낯선 사람이 있어요. 엄마와 함께할 때도 나는 편하지 않아요. 엄마와 아이들, 그리고 갓난 아기로 인해 울적해진다고요.

엄마 집에 가지고 갔었던 책, DVD와 CD를 제대로 가지고 왔는지 모르겠어요. 쌍둥이들이 밤새도록 잠을 안 자서 피곤해 죽겠어요. 내가 엄마 집에 있을 때는 엄마에게 아기를 돌보는 일에서 벗어나 잠시 휴식을 가지시도록 해 드리고 싶어요. 쌍둥이를 낳자 엄마는 완전히 지치셨거든요."

아빠, 엄마, 다시 합치셔서 이런 엉망인 생활을 그만두게 하실 수는 없나요?

"아빠, 엄마 모두 이혼 후에 아직까지 좋아하는 사람을 만나지 못하셨어요. 항상 그랬던 것처럼 두 분은 아직까지도 서로 말다툼만 계속하실 뿐이에요. 왜 이런 일을 청산하지 않는 거죠? 아빠는 오늘 밤이라도 우리 집으로 돌아오실 수 있으세요.
이런 지긋지긋한 교대 시간을 갖지 않는다면 나는 여유 있는 시간을 좀 더 가질 수 있을텐데, 이것에 대해서 생각 좀 해 보세요. 아빠가 여름 내내 나를 돌보지 못할 때 할아버지와 할머니가 계시는 미시간 주 홀랜드까지 비행기 타고 안 가도 되잖아요. 제발 아빠, 엄마! 다시 전처럼 함께 살면 안 될까요?"

아빠 집이나 엄마 집에서 상황이 바뀌지 않았으면 좋겠어요

교대 시간을 보내고 있는 아이들이 맺는 관계들은 너무나 많은 변화로 꽉 차 있다. 아빠, 엄마의 이혼으로 그들과의 관계에서 발생하는 변화는 물론, 아빠, 엄마의 새로운 파트너와 그들의 자녀들도 기쁨과 아픔의 원인이 된다. 아이들은 웃거나 조용히 입다물고 있거나 상황에 잘 적응하기를 요구받는다.

"나는 아빠 집에 누가 있는지 잘 몰라요. 아마도 아빠의 여자 친구와 그녀의 아이들, 혹은 아빠의 가장 친한 친구와 그의 아들이 주말 내내 그곳에 있을지도 모르죠. 그리고 때때로, 아빠와 나만 집에 있을 수도 있어요. 이것이 내가 가장 바라는 상황이지만, 나는 아빠와 함께 있고 싶어요. 왜냐하면 항상 아빠를 그리워하기 때문이에요."

"엄마는 앞으로 일어날 일에 내가 분명 신이 날 거라고 말씀하셨어요. 나에게 형제가 한 명 새로 생긴다는 것이죠. 엄마와 양아빠 사이에 곧 사내아이가 태어날 거래요. 나는 또 한 명의 동생이 필요없다고 말했는데, 바로 엄마로부터 호되게 야단만 맞았어요."

부모 자신들의 삶 속에서 느끼는 행복이 아이들이 가지는 행복과 항상 일치하는 것은 아니다. 연구가들은 "위에서 아래로 전수되는" 행복은 바람직하지 않다는 것을 발견했다(Judith S. Wallerstein, Julia M. Lewis, and Sandra Blakeslee, *The Unexpected Legacy of Divorce*: A 25

Year Landmark Study, New York: Hyperion, 2000, xxix).

"부모님의 두 번째 결혼은 그분들께는 새로운 희망의 시작이라고 할 수 있지만, 나는 그것을 절대로 바라지 않았어요. 희망이 무너진 셈이었지요. 나는 항상 부모님이 다시 하나가 되기를 원했어요. 아빠나 엄마 중 한 분이 재혼하셨을 때도 말이죠.

이러한 내 희망이 이루어지는 유일한 길은 부모님이 재혼 후에 또 다시 이혼하는 것이었어요. 나는 부모님의 재결합이 가능할 것이라는 사실을 알고 있었기 때문에, 수년 동안 기대하고 있었어요. 한편으로는 아빠가 재혼해서 행복해하시니까 나도 기뻐해야 한다고 생각하면서도 말이죠.

내가 부모님의 재결합의 꿈이 단지 환상에 불과했다는 사실을 안 것은 바로 엄마가 재혼하셨을 때였어요. 엄마가 결혼하시는 날은 내가 정말 오지 않기를 간절히 바라고 또 바랐던 날이었답니다. 하지만 나는 결코 이루어지지 않을 일을 바라고 있었던 것이었어요."

위와 같이 아이들의 삶에 있어서 부모와의 관계에서 일반적으로 발생하는 여러 가지 변화에 더해서, 교대 시간들을 보내는 아이들은 자신의 형제자매 구조의 빈번한 변화를 경험한다. 가족에서 차지하는 위치는 성격발달에 중요하다. 장남에서 하룻밤 사이에 중간의 위치로 옮겨갔다고 가정해 보자.

> "나는 무남독녀였고, 장녀였고, 또 막내였어요. 부모님이 함께 사실 때(부모님은 결혼하지 않으셨다), 나는 부모님의 유일한 자식이었어요. 그런데 내가 여섯살 때 엄마가 결혼하셨는데, 그때 나는 네 명의 아이들(세 명은 의붓남매) 가운데 장녀가 되고 말았어요. 그 아이들의 친엄마가 돌아가셨기 때문에, 우리 엄마가 그들을 입양하신 것이었어요.
> 나는 잠시 동안만 막내였어요. 아빠가 나보다 한 살 위인 딸을 가진 우리 학교의 음악 밴드 지휘자와 결혼하셨거든요. 부모님의 이혼이 나의 초등학교 시절을 엉망진창으로 만들어 놓았어요.
> 아빠가 얼마 전에 재혼하셨어요. 난 아빠의 장녀이자

외동딸에서, 14살 나이에 갑자기 언니와 동생을 둔 둘째가 되고 말았어요! 새엄마의 아들과 딸이 각각 일곱 살, 열일곱 살이거든요.

나는 한때 언니가 있으면 재미있겠다고 생각한 적은 있었어요. 하지만 새엄마는 자기 딸을 이 세상에 자기밖에 없는 것처럼 키운 모양이에요. 언니는 내가 자기를 공주라고 불러야 된대요. 날씬하고 똑똑한 언니를 가지기를 원했던 것은 공허한 메아리였어요. 언니가 한밤중에 술에 잔뜩 취해 있다는 것을 새엄마는 아시는지 모르겠어요.

그리고 남동생! 아이구, 맙소사! 물론 좋은 일이기는 해요. 그런데 그 아이는 왜 벌써부터 섹스에 대해서 물어보고 난린지?

이제까지 내가 말한 것에서 알다시피, 나는 여러 개의 다른 가족을 가지고 있어요. 따라서 사람들이 나보고 '너는 형제 중에서 몇 째니?'라고 물으면, 나는 그들에게 '지금 어떤 가정의 나에게 말하고 있는 거예요?'라고 반문하곤 해요."

문제투성이인 가족을 방문하는 시간이 돌아오지 않으면 좋겠어요

남편 또는 아내와 더 이상 살고 싶지 않는 데는 그럴 만한 이유들이 있다는 것을 기억하라. 사랑하는 사람을 떠나는 이유를 담은 목록은 노래 작사가들의 주제 거리가 될 만하다.

거짓말, 속임수, 알콜중독, 마약, 음란물 중독, 충동구매와 과소비, 인색함, 성관계에 대한 무관심, 과도한 성욕, 총에 대한 집착, 인터넷이나 TV 중독, 게으름, 실업, 일 중독, 학위 취득에 대한 강박관념, 교육에 대한 무관심, 불결, 지나친 결벽증, 종교적인 열광주의, 영성에 대한 관심의 부족, 스포츠 중독, 범죄, 폭력, 독설, 정신질환, 미성숙, 기타 등등.

이 목록에는 위험하고 치명적인 행동들뿐만이 아니라, 참을 수 없을 정도로 짜증나게 하는 것들도 들어 있다. 물론 그것들 가운데는 결혼 생활을 끝내기로 결정하도록 만든 배우자와의 관계의 불화도 있다. 그러나 아이들은 여전히 부모 사이에서 살고 있다. 그들은 그러한 어려움들을 끝낼 수 있는 통로가 없다. 그들에게 부모는 항상 부모이다. 당신에게 상처를 주고 어려움을 주는 기분, 말 그리고 행동들이 아이들에게는 그렇지 않을 것이라고 생각할 어떤 이유도 없다.

자녀들을 돌보는 것은 바로 부모의 책임이다. 당신에게는 분노를 일으키는 말로 들릴 수 있겠지만, 당신과 함께 있으면서 겪는 일들에 대해서 아이들이 뭐라고 말하는지 한번 알아보라. 특히, 당신의 전 남편(또는 전 부인)의 생활과 집에 당신도 알지 못하는 사람들이 많이 있다면, 아이들이 말하는 것에 귀 기울여보라.

> "나는 아빠와 아빠의 새 여자 친구를 다시는 방문하고 싶지 않아요. 그러나 엄마는 법 때문에 가야만 한다고, 내가 만일 가지 않으면 아빠가 슬퍼할 거라셨어요.
> 비행기 상태가 좋지 않았어요. 비행기는 계속해서 하늘에서 심하게 흔들리고 있었는데, 마치 주차장에서 과속해서 차가 긁힌 것과 같은 기분이었어요. 몸집도 큰 사람들이 계속 비명을 지르며 '하나님 살려주세요'라고 기도했어요.

비행기 승무원이 나에게 이렇게 묻는 것이었어요. '너 정말 다섯 살 맞니?' 너는 이번 여름에 우리가 만난 다섯 살 난 아이 중에서 가장 작구나.'

엄마는 항상 나에게 더 잘 먹어야 한다고 말씀하세요. 그러나 많이 먹으면 배가 늘 아파요.

아빠 친구들은 소름끼쳐요. 쇼파에 앉아서 이상야릇한 냄새가 나는 뭔가를 피워요. 아빠는 내 친구들이 '역겨운 음료수'라고 부르는 무언가를 마시고 또 마셔요. 그러고는 잠에 곯아 떨어져요.

나는 어둠을 무서워해요. 엄마 집에서는 귀여운 생쥐 모양의 야간전등이 있지만, 아빠는 그저 내가 더 자라야 한다고만 말씀하실 뿐이에요. 빌어먹을 것들! 어둠 속에서 무언가가 저쪽 아래에서 나를 건드려요. 그것이 무엇인지 모르지만, 하여간에 숨조차 못 쉬고…곧 죽을 것만 같아요. 엄마에게 이 말을 하면 엄마는 날 못 믿겠다는 눈치세요. 엄마는 단지 내가 깜깜한 어둠 속에서 꿈을 꾸고 있는 거라고 생각하실 뿐이에요.

내가 다시 침대에다 오줌을 싸는 것을 보면 아빠가 나를 때릴 것 같아요. 나는 밤새도록 자지 않고 깨어 있으려고 애쓰지만, 그렇게 할 수 없어요. 화장실이 아빠 방에 있거든요. 아빠 여자 친구는 나보고 계속 참아야 한다고 말해요."

때때로 아이들이 방문하고 싶지 않은 대상이 바로 부모이다. 어떤 경우에는 그들의 의붓부모일 수도 있고, 아빠나 엄마와 같이 사는 중요한 그 누군가가 아이들에게 고통을 줄 수 있다.

"나보고 자기를 절대로 양엄마라고 부르지 말라고 말했던 아빠의 새 부인은 처음부터 나를 미워했어요. 아마도 내가 자기와 아빠와의 은밀한 관계를 처음부터 눈치채고 있었고, 그것을 엄마한테 모두 말했기 때문일거라는 생각이 들어요.
아빠는 여행갈 때마다 나를 데리고 다니세요. 나는 예리한 시각을 가졌고, 기억력이 매우 좋고 아주 특별한 엄마로부터 정리정돈하는 훈련을 잘 받았어요. 반면에, 아빠는 시력이 약하시고 심각한 주의력 결핍 장애에 시달리셨어요. 나는 아빠가 처음부터 끝까지 다 본 영화가 있는지 의아스러울 정도에요.

아빠는 내가 정리를 잘하는 것에 대해서 칭찬하시는 반면에, '엄마의 정돈에 대한 집착이 아빠의 창의성을 눌렀기' 때문에 아빠가 이혼하셨다는 것은 참 아이러니컬해요. 엄마의 입장에서 볼 때, 엄마가 아빠에게 강압적으로 하셨던 유일한 행동은 아빠에게 바람을 좀 그만 피우라는 것이었어요. 그런데 아빠는 절대로 그렇게는 못하겠다고 하셨죠. 심하게 말해서, 아빠는 여자를 좋아했어요. 그것도 많은 여자를요.

어쨌든, 내가 말하고 싶은 요점으로 돌아가서, 아빠의 부인은 아빠와 내가 단둘이서 시간을 보내는지 아닌지 매번 확인하세요. 만일 내가 어느 식당이나 영화관을 얘기하면 그녀는 열광적으로 '나도 같이 가고 싶어요'라고 소리치세요. 우리와 함께 가고 싶다고. 그래요, 나쁠 것 없지요. 하지만 그녀는 아빠가 엄마에 대해 묻거나 나에게 용돈을 줄까봐 염려하시는 거예요. 아빠에게 돈이 많았던 것은 다행이었어요. 그녀는 부가 다세대(多世代, multi-generational) 문제가 되어서는 안 된다고 믿고 있어요.

아빠는 최근에 그녀로부터 나에 대한 부정적인 반응을 들으셨어요. 나는 그녀에게 그리 친절하지 않고, 그녀가 예쁜 옷을 입고 있든 말든 개의치 않거든요. 또 아빠가 최근에 발표한 책으로 상을 받으셔서 두 사람의 사진과 함께 잡지책에 실렸는데, 나는 아무런 말도 하지 않았어요.

나는 이젠 정말 아빠나 아빠의 새 부인에게 '좋게 보여야 되는' 게임에 지쳤어요. 옛날처럼 자연스럽게 아빠와 함께 시간을 보냈으면 좋겠다고 말했어요. 나는 예전처럼 스웨터에다 청바지를 입고 싶어요. 값비싼 정장과 스타들이나 하는 헤어스타일에 진절머리가 나요. 나는 그녀와 아빠를 사이에 두고 경쟁하기도 싫어요. 나, 참! 그녀는 거의 오십에 가깝고 나는 이제 겨우 열일곱 살이에요."

휴일이 오지 않으면 좋겠어요

휴일이 오기 때문에 미리부터 아이들에게 돈을 많이 쓸 수 없다고 하지 말라. 휴일은 아이들로 하여금 재미, 즐거움, 휴식, 게임, 행복, 웃음 그리고 많은 사진 등을 기대하게끔 한다. 보통 우리는 휴일이 간절히 기다려진다고 말하곤 한다.

그러나 교대 시간을 하는 아이들의 입장에서 휴일의 의미를 살펴보자. 그들 역시 휴일에 가족이 모두 한 자리에 모이는 것을 기대한다. 그러나 평소보다 더 격렬한 가족 간의 분열과 갈등이 있을지도 모른다고 예상한다. 아빠, 엄마 등 가족이 모두 한 자리에 모이지 않아도 되는 유일한 경우는, 아빠와 엄마가 서로 가까운 거리에 살고 있어서 크리스마스 이브는 아빠와, 크리스마스 날은 엄마와 함께 보내는 경우이다.

만일 아빠와 엄마가 서로 멀리 살거나 양자 간에 휴일 계획이 너무 달라 복잡해지면, 아이는 부모 중 어느 한쪽(그리고 아마도 의붓부모와 이복형제, 친형제 혹은 의붓형제)과 만날 수 없게 될지도 모른다. 만일 양육방침

(Parenting Plan)이나 가정법원에서 이혼한 양쪽 부모가 2년마다 한 번씩 휴일에 만날 것을 명시한다면, 휴일의 연속성의 의미를 잃어버리게 된다. 작년에 찍었던 사진들이 반드시 행복한 기억만을 가져다 주는 것은 아니다.

심지어는 하누카(Hanukkah)와 같은 좀 더 긴 휴일 기간에 아이들은 아빠나 엄마 집에 있는 자신의 중요한 어떤 것을 못 보게 될지도 모른다. 특별한 유월절 축하 파티에 대해 몇 년간 이야기만 하고, 아빠와 엄마의 세계를 오가느라 그 파티를 놓치게 될지도 모른다. 부모 중 어떤 집에서는 콴자(Kwanza, 아프리카계 미국인의 문화-역주) 축제를 기념하지 않을지도 모른다. 만일 두 부모가 같은 종교를 가지고 있지 않다면 라마단을 지킨다는 것은 거의 불가능한 일이다.

많은 경우 휴일을 즐기기 위해서 나쁜 날씨에도 불구하고 장거리 여행을 해야 하는 경우가 있다. 그런데 심한 눈보라가 많은 차, 트럭, 비행기와 기차들이 꼼짝달싹하지 못하게 발을 묶어 둔다. 자주 만날 수 없었던 아빠나 엄마와의 오랫동안 간절히 기다려 왔던 재회가 날씨로 인해 무산될지도 모른다. 만남은 유보되고, 이번 휴일에는 어떤 추억도 만들지 못하게 된다.

　교대 시간을 보내고 있는 아이들은 너무 많은 것을 기대하지 않는 법을 배운다. 그들은 '기다리면서 어떻게 되나 보는 것'을 배운다. 희망이나 계획을 미리 가지고 있지 않으면, 실망할 것도 그만큼 줄어드는 셈이다.

> "산타클로스 할아버지를 더 이상 믿지 않게 되었을 때의 일을 지금도 나는 기억하고 있어요. 그때 산타클로스에게 내가 이 세상에 태어나서 일곱 번째 맞이하는 크리스마스에 제발 부모님 모두를 만날 수 있게 해 달라고 간청했어요. 그런데 아빠는 크리스마스가 오기도 전에 집을 떠났어요. 우리는 그 해의 마지막 날이 되도록 아빠가 어디에 계시는지 알 수 없었어요. 나는 단지 내가 좋아하는 날에 아빠와 엄마가 함께 있기를 바랐을 뿐이에요.
> 나는 할로윈 때 이미 하루 속히 크리스마스가 오기만을 손꼽아 세고 있었어요. 나는 특히 할로윈 때 가면과 옥수수 사탕이 섞여 있는 크리스마스 장식을 좋아했어요. 할로윈이 지나고 머지 않아 아빠, 엄마

와 함께 멋진 시간을 가졌었죠. 우리 부모님은 집 안 팎에다가 요정의 나라를 만드는 데 선수였어요. 집 안팎이 온통 크리스마스 장식으로 꽉 차 있었어요. 기억에 남는 가장 멋진 추억은 아빠를 도와 나무에다 전구를 거는 일이었어요. 엄마와 아빠는 흥겨운 크리스마스 노래를 크게 틀어놓았고 가족들이 모두 밤 늦도록 함께 시간을 보냈어요. 엄마와 나는 쿠키를 굽고, 구운 쿠키를 장식으로 달기도 했어요. 형형색색의 광택으로 덮여있는 온갖 모양의 달콤한 쿠키를 굽는 것은 내 특기였어요. 이날만큼은 늦게까지 잠을 안 자도 괜찮았어요

그런데 이 모든 행복했던 일이 끝나고 말았어요. 여섯 번째 맞이하는 크리스마스 때에는 전구도, 장식도, 그리고 귀여운 쿠키도 없었어요. 심지어 아빠는 크리스마스가 지난 다음에라야 우리에게 선물을 주셨어요. 새해 첫 날에 아빠는 새로 산 대형 TV로 하루 종일 풋볼만 보셨고, 우리는 그런 아빠를 쳐다보고만 있었어요."

떠나야 할 시간이 다시 오지 않으면 좋겠어요

아이는 곧 다시 떠나야만 한다는 사실 때문에 동요를 일으킬 수 있다. 좀 더 오래 머무를 수 있도록 온갖 종류의 구실을 만들어 낸다. 가장 친한 친구가 정말 놓치고 싶지 않은 수영장 파티를 연다든가, 어릴 때 베이비시터를 해 주었던 누나가 집에 오니까 한 주만 더 있게 해 달라고 조른다든지 옆집에 사는 최고 멋쟁이 매트가 새로 나온 롤러스케이트를 타러 주말에 놀이공원에 가자고 한다든지. 이 모든 일은 아이들이 좋아하는 것들이고 놓치기 싫은 좋은 기회인 것이다.

아이들은 아빠나 엄마를 다시 보고 싶어 할 것이기 때문에 헤어지고 싶어 하지 않는다. 이것이 다른 한쪽의 가정에 뭔가 문제가 있다는 것을 의미하는 것은 아니다. 사실, '떠남'이라는 것은 많은 사람에게 그리 쉬운 일이 아니다. 더군다나 사랑하는 부모 중 한 사람을 방문한 후 떠나야 하는 아이들에게는 특히 더 힘든 일이다.

 "떠나는 것이 너무나도 싫어요. 엄마를 만나러 가기 싫어서가 아니라, 오히려 나는 거의 두 달 동안 엄마를 그리워하고 있었어요. 이유는 단지 이곳에 익숙해져 있기 때문이에요. 새우잡이배에서 아빠와 함께 일하고 있는데, 아빠는 그 배를, '나의 기쁨'이라고 부르시죠. 그래요, 아빠는 정말이지 일이 힘든데도 천진난만한 아이와도 같이 일하세요.

나는 물과 함께하는 삶을 동경해요. 이렇게 물위에서 고기를 잡으며 일하는 것이 나와 아빠가 타고난 운명일지 몰라요. 아빠의 아빠, 그러니까 할아버지도 새우 잡는 어부셨어요.

나는 지난 번에 아빠가 내가 아빠한테 뭔가 필요한 역할을 할 수 있을 만큼 컸다고 말씀하셨을 때 무척 기뻤어요. 실제로 아빠는 내가 한 일에 대해서 아주 잘 했다며 칭찬해 주셨어요. 하지만 나는 아빠만큼 매듭도 쉽게 매지 못해요. 아빠는 아무리 복잡하고 힘든 매듭이라도 마치 신발끈을 매는 것처럼 간단하게 하시죠.

배 위에서 보는 해돋이보다 이 세상에서 더 아름다운 것은 아무것도 없어요. 유명한 영화, 포레스트 검프(Forrest Gump)에 나오는 부바에게 내 마음을 털어놓고 싶은 심정이에요. 그는 이곳에서 내가 갖고 있는 열정과 사립학교의 성스러운 건물로 다시 돌아가기 위해서 이곳을 떠나야 하는 나의 슬픔을 분명 이해할 거예요. 조용한 교실 분위기뿐만 아니라 반짝반짝 빛나는 학교의 시설들과 왁스를 매긴 마룻바닥의 냄새들은 단지 나로 하여금 바다의 냄새, 배에서 들려오는 바람소리들과 갈매기들의 소리들을 기억나게 해 줄 뿐이에요. 내가 이곳의 모래와 조개껍질들을 가지고 왔다고 상상해 보세요. 그것들은 바다, 새우 그리고 아빠가 나를 기다리고 있다는 것을 일깨워줄 거랍니다.

엄마는 내가 새우 산업을 너무나 좋아한다는 사실을 달가워하지 않으실 거예요. 엄마는 내가 공부를 열심히 해서 엄마 가문의 명성에 잘 부합되는 뭔가를 하기 원하시죠. 엄마의 가문이 정치와 깊은 연관을 갖게 된 것은 1776년 독립선언서 당시까지 거슬러 올라가요. 나는 엄마 식구들이 자녀를 좀 더 많이 가졌어야 했다고 생각해요. 그러면 아마도 그들은 자신들이 원하는 일을 할 아이를 각각 가질 수 있었을 것 아닌가요?

아쉽게도, 오늘은 바닷가에서 보냈던 수개월의 시간

중 마지막 날이에요. 여기서 입었던 바다 냄새 나는 옷들을 모두 남겨놓아야 해요. 엄마네 집에서는 그런 옷들을 입을 일도 없고 보관해 둘 곳도 없어요. 이 옷들을 엄마 집에 보관할 수 있도록 엄마가 허락해 줄 수 있을지도 모른다는 생각은 할 필요조차 없어요.

나는 일주일 동안은 엄마 집에, 그리고 그 후에는 학교에서 기숙할 거예요. 내가 가고 없는 동안 엄마가 내 방에서 무엇을 하실까, 이 시간에 엄마가 누구를 만날까 궁금해요. 아마도 정계나 재계의 인사들을 만나고 계실지도 몰라요. 충분히 상상 가능한 일이고 또 그럴 가능성이 매우 높아요.

나는 엄마의 세계에 적응할 준비가 안 되었어요. 아빠를 몹시도 그리워할 거예요. 또한 바다, 해변가의 집, 머리가 아닌 몸을 써 가면서 열심히 일을 하던 기억들, 그리고 모든 고요함을 그리워할 거예요. 학교 다닐 때에는 숙제하는 게 힘들었지만, 아빠 집에서는 오히려 방학을 하자마자 두 주 동안에 여름에 읽어야 할 책들을 다 읽었어요.

엄마 집이나 학교는 나의 마음을 산만하게 흐트러뜨리

는 것들이 너무나 많아요. 반면에 아빠와 함께 있을 때 나는 심지어는 아빠가 가지고 있는 역사책들까지 읽었어요. 아빠는 제2차 세계대전에 대한 거의 모든 것을 알고 계시죠. 그 당시 무슨 일이 일어났는지, 그리고 앞으로 일어날지도 모르는 전쟁에 대해서 관심 가져야 한다고 말씀하셨어요

컴퓨터 도사인 친구들은 이곳에 없고, 아빠 컴퓨터는 고쳐야 할 곳이 많아요. 아빠는 그저 사업 내용을 처리하는 데는 별 무리가 없다고 말씀하시지만, 나는 좀 더 새로운 소프트웨어를 가지고 아빠가 보다 효과적으로 일하시도록 돕고 싶어요. 아빠는 나에게 고마워하시면서 할아버지와 할머니께서 나를 위해 비싼 대학 등록금을 대 줄 만한 가치가 있다고 말씀하셨어요. 하지만 아빠에게 내가 가르쳐 드린 그러한 컴퓨터 지식들은 사실 중학교에서 배운 것이라는 것을 말하지는 않았어요.

내일이면 비행기를 타고 나의 다른 세계, 즉 엄마에게 돌아가야 해요. 엄마는 요즘 정치가 어떻게 돌아가고 있는지에 대해서 거의 아는 바가 없는 나에 대해서 정

나미가 다 떨어질 거예요. 나는 그게 다 나를 위해서 그런 거라고 엄마에게 말하고 싶지 않아요."

작별 인사를 하는 데 좋은 것이 있을까?

― 메러디스 윌슨(Meredith Wilson)
The Music Man

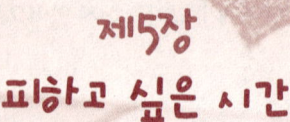

제5장
피하고 싶은 시간

베시야, 잘 있었니?

오늘 통화할 때 내 결혼 계획에 대해서 물어보지 않아서 이메일 보내. 너에게 너무 서운해하면 안 되잖니.

샘과 나는 동생 졸업식에서 이혼한 우리 부모님이 벌인 최악의 추태를 보고 나서, 우리는 도망가기로 결심했어. 그래서 행복해야 할 우리 결혼식날을 우리 부모님이 개와 고양이처럼 싸워서 망가뜨리는 일은 없을 거야.

너는 우리 부모님이 지금 정도면 그러지 않을 거라고 생각할지도 몰라. 그래, 그들은 26년간 같이 살았지. 그러나 지금은 다 끝났어.

> 샘과 나는 지금 말로 다 할 수 없을 정도로 행복하지만, 부모님처럼 뭔가 끔찍한 일이 우리에게 벌어지지 않을까 걱정스러워. 나는 부모님처럼 살고 싶지 않아.
>
> 베시야, 보고 싶다. 그리고 내 결혼식에 너가 들러리 서 주어서 너무 기뻐. 하지만 너무 행복한 꿈의 결혼식날이 "악몽"과도 같은 날이 될 수도 있어.
>
> 계속 연락하자. 곧 전화할께.
>
> 사랑해!

그곳에 안 갈래요

부모가 속한 두 세계를 왔다 갔다 하는 교대 시간을 보내고 있는 아이들은 가능하면 피해야 되는 상황과 일들이 있다는 것을 곧 알게 된다. 어떤 아이는 부모 중 다른 한쪽에 대해서 절대로 말을 하지 않을지도 모른다. 왜냐하면, 부모 중 한쪽에 대해서 상대방에게 말해 봤자 결국 돌아오는 것은 그리 좋은 소리가 아니기 때문이다.

그리고 다른 아이는 한쪽 부모가 데리고 왔기에 어쩔 수 없이 자기의 삶 속에 들어온 의붓부모나 아니면 의붓 혹은 이복형제자매들과 특별한 관계를 맺는 것을 의식적으로 거부한다. 한 아이는, "이 관계가 끝이 날까요?" 하고 질문한다.

피하고 싶은 시간

일반적으로 아빠와 엄마 양가의 모든 집안 식구가 모여 축하하는 일에서조차 긴장이 발생한다. 자녀들은 때때로 졸업식과 같은 행사에 참석하기를 꺼리는데, 이유는 단지 그러면 양가 부모의 가족이 함께 모이지 않아도 되기 때문이다. 아이들은 소원해진 부모가 가급적이면 같은 시간에 같은 장소에서 함께 만날 수 있는 방법을 궁리한다.

그런데 가장 중요한 사실은 이혼을 했거나 관계가 소원한 부모를 둔 아이들은 그들의 부모가 한 실수를 반복하지 않으려 한다. 때때로 이와 같은 이유로 인해 아이들은 결혼을 하지 않거나, 하더라도 아이를 갖지 않는다.

아빠나 엄마로부터의 비난을 피하려고 해요

"언젠가 엄마에게, '아빠가 새 차를 구입했는데, 아주 멋진 녹색 차에요'라고 말한 적이 있어요. 그런데 그 순간 엄마는 거의 정신을 잃을 지경까지 되셨어요. 나는 그날 엄마로부터 아빠와 엄마가 결혼한 날부터 아빠가 샀었던 모든 것에 대해서 들어야만 했었죠.
무지하게 큰 공구기계, 보트, 눈 위에서도 탈 수 있는 차, 오토바이(아빠는 특히 할리[Harley] 제품을 좋아하셨어요, 아빠와 나는 우리 집에 이미 세 대나 있다는 사실을 잊어버리고, 가게에 들러서 구경한 적도 있어요), 아빠의 무모한 벤처 사업을 위해서 구입한 잔디 깎는 기계 등이 엄마가 말한 목록에 들어 있었어요(엄마는 그 무모한 사업들이 무엇이었는지 물어보는 것을 안 좋아하셨어요).
심지어 아빠는 예술 작품을 만들려고까지 하셨는데,

아빠는 예술을 좋아한다고 하셨어요. 엄마는, '엄마 말이 믿기 어려우면 차고에 가보렴. 색으로 물든 유리들이 산더미처럼 쌓여 있는 걸 볼 수 있을 거란다. 너는 빨간 유리가 얼마나 비싼지 아니?"라고 말씀하셨어요. 엄마는 신용카드 빚에 대해서 소리치며 고함을 연신 질러대셨어요. 그러고 나서 울면서 파산 때문에 법원에 가고 싶지 않다고 말씀하셨죠(나는 이게 무슨 말인지 잘 알지 못해요). 아빠가 나의 양육비를 엄마에게 거의 주지 않으셨다면서 아빠가 나를 그다지 사랑하시지 않는다고 엄마가 말씀하셨을 때, 나는 울고 또 울었어요. 나는 엄마에게 아니라고, 아빠가 나를 사랑하신다고 말했죠.

엄마는 아빠가 항상 단 것을 좋아하셨다고 해요. 그게 무슨 말이죠? 단 것은 치아에 좋지 않다고 할머니가 말씀하셨는데…. 아빠가 뭔가 새 것을 사면, 다음부터는 엄마에게 말하지 않는 게 나을 것 같아요. 엄마는 지금 아빠에게 전화를 걸어서 소리를 지르고 있는데, 아마 전화를 끊으시고 나면 방으로 들어가실 거예요. 그리고 비디오를 보실 것이고 마음이 진정되도록 엄마를 내버려 두라고 말씀하실 거예요. 아빠가 얼마나 나쁜 사람인지 엄마가 말씀하신 것이 이번이 처음이 아니예요. 나는 엄마가 그러실 때마다 비디오를 보았어요. 그래서 거기서 나오는 말과 노래는 다 외우다시피 해요. 아빠는 단지 자기 장난감들만 사랑하셨던가봐요.
내가 왜 아빠를 여전히 만나야만 할까요?
그래요. 그분은 나의 아빠이니까. 나는 엄마가 전화라도 받기 위해 거실로 나오시면 좋겠어요, 사실, 지금 배가 몹시 고프거든요. 엄마는 며칠 동안 하루 종일 잠옷만 입고 방안에만 계세요. 나에게 먹을 것을 주실 때만 밖으로 나오시죠."

 자녀들은 부모가 어떤 생각을 갖고 있는지 알고자 노력한다. 엄마에 대해서 아빠에게 물어보고, 아빠에 대해서 어떻게 생각하는지 엄마에게 물어본다. 이렇게 함으로써 아이들은 아빠나 엄마의 감정과 행동에 대해서 더 빨리 그리고 정확하게 알게 된다. 우리는 모두 다른 사람들이 가지고 있는 생각과 인상을 점검하곤 한다.

그런데 만일 아이들이 부모 중 어느 한 명에 대해서 물어볼 때 상대방이 항상 아빠나 엄마에 대해서 분노하고 부정적인 말만 일삼는다면, 아이들의 감정적인 발달을 저해한다. 심지어 아이들은 부모가 가장 잔인하고 힘을 남용한다 할지라도 전에는 안 그랬을 거라고 믿으며 여전히 사랑한다. 이러한 아이들에게 정말 안타까운 점은, 부모를 사랑하기 위해서 그들은 늘 감정적인 혹은 육체적인 고통을 감수한다는 사실이다.

의붓부모와 그들의 가족을 사랑하고 싶지 않아요

당신이 교대 시간을 보내고 있는 아이이며, 당신의 부모가 많은 상대와 데이트를 즐기거나 동거한다면, 당신은 그 사람(그리고 그 혹은 그녀의 자녀들)이 당신의 부모와 오랫동안 함께할 것이라고 믿기 힘들 것이다.

만일 이혼한 부모에게서 동시에 그런 일들이 발생한다면, 그들과 감정적인 거리를 두는 것이 당신 자신에 대한 유일한 보호책이라고 마음먹을지 모른다. 또한 이 경우 부모를 방문하는 것이 매우 복잡하고 미묘한 일이 되고 만다. 만약에 아빠나 엄마의 재혼이 여의치 않을 시에도 반드시 의붓부모를 방문해야만 하는 법적조항이 있는지 궁금하다.

> "나는 엄마의 새 남자 친구를 좋아하지 않아요. 그분은 아빠하고 달라요. 맥 아저씨와 우리 엄마가 정말로 즐기는 것처럼 보이는 것들을 아빠는 너무도 싫어하셨어요. 꽃을 가꾸는 것과 심포니 오케스트라를 보러 가는 것이 정말로 남자가 좋아해야 할 일일까요?
> 아빠는 '절대로 아니지!'라고 단호하게 말씀하세요. 아빠는 인문(liberal arts) 교육을 받았지만, 주위 사람들은 아빠에게서 결코 그런 느낌을 받지 못해요. 아빠는 아주 편하고 안락한 일을 하는 것은 시간낭비이고 잘난 체하는 행위라고 여기세요.
> 하지만 아빠에게는 대단한 음악적인 자질이 있어요. 그래서 안타까워요.
> 아빠는 너무 남자다운 것들을 좋아하시기 때문에 음악을 그리 즐기지는 않으세요. 아빠는 친구들이 악기를

가지고 와서 연주 좀 들려달라고 몇 시간 동안 부탁을 하면 그때서야 연주하실 거예요. 맥주 몇 잔을 들이키신 후, 침대 밑으로 가서 케이스를 꺼내 먼지를 털어내시고 거기서 '데릴라'(Delilah)를 꺼내실 거예요. 아빠는 자기의 바이올린을 그렇게 부르세요. 아빠는 연주를 잘 못하신다고 말씀하세요.

'내쉬빌에서 컨츄리 가수로 성공하고자 내 인생의 20년을 보냈단다. 그 누가 컨츄리 음악이 무너질 거라고 짐작이나 했을까? 내쉬빌은 팝음악에 손을 내밀었는데도 나는 컨츄리 음악을 고수했단다.'

아빠는 사냥이나 낚시, 산악자전거를 타면서 시간을 보내는 것이 최고라고 생각하세요. 아빠는 나에게 온갖 종류의 새, 야생화, 나무들의 이름을 가르쳐 주셨죠. 난 몇 년 동안 아빠의 책들을 섭렵했어요. 아빠가 가리키는 모든 새와 나무와 야생화의 이름을 알아맞혔을 때(아빠가 이미 가르쳐 준 것들이었어요), 아빠는 나에게 동식물 도감을 사주셨어요. 그 도감은 아빠가 주었던 최고의 선물 중 하나예요. 오두막 집에서 몇 주 동안 보내는 시간을 나는 정말 좋아해요.

맥 아저씨는 새들의 이름을 거의 몰라요. 정원에 있는 나무도 기억하시지 못해요. 그래서 나는 그분을 좋아하지 않아요. 어떻게 큰 도시에서 자란 남자가 나 같은 여자아이를 이해할 수 있겠어요?

맥 아저씨는 나에게 바이올린을 가르쳐 주셨어요. 맥 아저씨는 아빠와 엄마가 음악적으로 아주 재능이 뛰어나기 때문에, 내가 아마 바이올린을 잘 할 것이라셨는데, 그 말이 맞아요. 난 아빠와 함께 있을 때에는 피들(fiddle, 컨츄리 음악용 바이올린-역주)을 켰고, 엄마와 맥 아저씨와 있을 때에는 바이올린을 연주했어요. 내가 열두 살이 막 되었을 무렵, 엄마와 맥 아저씨가 바이올린을 사주셨는데, 그때 아빠는 무슨 영문인지 모르셨어요. 아빠는 엄마가 이미 음악가로서 꿈을 이루고자 힘겨워 했던 사람(아빠)과 살았고 급기야 이혼까지 갈 정도로 충분한 어려움을 겪었다고 생각하셨거든요. 엄마는 분명 내가 음악을 사랑하게 하려 하셨던 것은 아니었어요.

맥 아저씨는 아빠처럼 세상의 쓴 맛을 보며 살아오지 않으셨어요. 그분의 꿈이 현실로 이루어졌어요. 아저씨의 아버지가 창립하셨던 회사의 최고경영자(CEO)가 되셨어요. 맥 아저씨는 항상 자기가 무엇을 원하는지를 아셨고, 그것을 향해 나가셨대요. 아빠도 항상 자신이 무엇을 하기를 원하는지 아셨을 거예요. 하지만 음악을 하는 사람들의 방식이 아빠가 추구하는 것과 달랐어요.

아빠는 젊고 유능한 젊은 음악가들을 대신하는 것에 진절머리가 나셨대요. 아빠는 항상 들러리였지 결코 신랑이 되어 본 적이 없으셨대요. 재밌기도 하셨지만 슬프기도 하셨대요.

나는 맥 아저씨와 엄마가 어떤 아이도 갖지 않으시면 좋겠어요. 나는 지난 10년 동안 엄마의 유일한 딸이었고 할머니의 손녀였어요. 이대로의 생활이 좋았는데…. 맥 아저씨의 아이가 우리 안으로 들어와 관심의 대상이 되었어요. 그 아이 자레드는 맥 아저씨가 양육하셔야 했기 때문에 나는 4살짜리 아이와 날마다 생활을 같이 해야만 했어요. 자레드는 너무 어린애였어요."

엄마를 맥 아저씨와 자레드와 공유하는 것은 별개의 문제예요. 아주 어린 동생을 가지는 것은 '놓치고 싶지 않은' 경험 목록에 전혀 없던 것이었어요. 어른들은 자녀들의 허락을 구하지 않고 일을 저질러요.

나는 정말로 패트릭과 모니카를 좋아하려고 애를 쓰고 있지만, 아직도 그들에게 익숙해지기 위해서 노력하고 있는 중이에요. 비록 엄마와 맥 아저씨가 이혼할 것이라고 확신할지라도 나는 그들을 좋아하고 싶지 않아요. 물론 자레드를 빼곤, 그 아이들은 저와 함께 있게 되겠죠.

결국 아빠와 엄마가 헤어진 이래 나는 대부분의 시간을 엄마와 함께 보내고 있어요. 나는 비관적인 사람이 되고 싶지 않아요. 맥 아저씨와 엄마는 지금까지 벌써 7년 동안 매우 잘 지내고 계세요. 그런데 7년이란 시간이 그리 오랜 기간이란 생각이 들지 않아요.

엄마와 아빠는 15년 동안 함께하셨는데, 거의 싸우지도 않으셨거든요. 그런데 어느 날 엄마가 우리는 자기 가족으로 돌아갈 거라고 말씀하시는 게 아니겠어요. 우리 모두가 가족과 함께 있지 그럼 어디에 있다는 말인가라고 나는 생각했어요."

소원해진 부모님을 같은 곳에서 만나고 싶지 않아요

스타 트렉(*Star Trek*) 팬이면 알다시피, 다른 은하계나 세계에서 온 손님을 환대하고 즐겁게 해주는 것은 굉장히 힘든 일이다. 삶의 가장 중요한 대부분의 순간은 대가족이나 친구들이 함께 모임으로써 이루어진다.

크리스마스나 하누카와 같은 때에는 두 개의 다른 모임을 계획할 수 있지만, 졸업식, 결혼식, 장례식, 온 가족이 함께 만나는 연례 모임은 오직 한 번만 갖게 된다. 이러한 행사의 목적은 가족 중에서 매우 좋은 소식이 있거나 슬픈 일을 당했을 경우, 하나의 공동체로서 모이는 것이다. 힘과 즐거움이나 지지 등은 함께 모일 때 이루어진다. 공동체의 지혜와 힘을 가진 사랑하는 사람이 주위에 있음으로 어려움도 잘 견뎌낼 수 있다.

그렇다면 위에서 말한 기념일들에 더 이상 가족이나 주위의 지지, 지혜, 연속성, 기쁨 등을 기대할 수 없다면 어떻게 될까?

부모가 서로 함께 모여 서로 냉랭하거나 어린아이가 자기 오른쪽과 왼쪽 양쪽에 앉아있는 부모로부터 포옹을 받으며 보호받고 있다는 편안한 기분을 느끼지 못한다면 어떻게 될까?

이젠 제법 커버린 그 아이는 이렇게 회상한다,

"가장 기억에 남는 어렸을 적 추억은 바로 아빠, 엄마 손을 붙잡고 함께 춤을 추던 일이다."

그러한 감정들이 불안, 염려, 두려움, 심지어는 공포가 된다면 어떤 기분일까?

많은 아이가 아빠, 엄마와 함께해야 하는 장소를 피하기 위해서 이런저런 꾀를 쓰는 것은 도대체 무엇을 뜻하는 것일까?

이 장의 첫 페이지에 나왔던 이메일을 쓴 아이처럼 가정의 행복을 꿈꾸던 희망들이 악몽으로 바꾸어질 때 어떤 대가를 지불해야 하는가?

멀어진 부부가 함께한 장소에 있다는 것은 불편과 당혹감, 상처와 고통, 심지어는 죽음을 의미할지도 모른다. 텔레비전이나 신문을 보면 거의 매일같이 다음에 나오는 이야기와 비슷한 유형의 기사들이 나온다. 이 비극적인 이야기는 꾸며낸 이야기처럼 들리겠지만, 진짜 있었던 사건이다.

레이첼은 학급에서 2등으로 졸업했다. 학교 밴드부에서 활약했으며, 친구들이 '앞으로 가장 성공할 것 같은 아이'로 그녀를 뽑기도 했다. 그녀는 신경정신과 의사가 될 야망을 품고 있었다. 그러나 그녀의 꿈은 악몽과도 같은 일로 인해 산산조각이 나고 말았다.

레이첼이 졸업하기 일 년 전에 아내와 이혼한 폭력적인 아버지가 레이첼의 고등학교 졸업식에 참석했다. 그는 나중에 "졸업식장에서 나하고 말하려는 사람이 아무도 없었다"고 말했다.

이것이 그를 분노하게 만들었다. 수일이 지난 후, 그는 전 부인과 딸과 아들이 살고 있는 집으로 향했다. 옷장에서 웅크리고 있었던 그의 전 부인은 아이들과 자신을 제발 살려달라고 애원하며 911로 전화를 걸었다. 그는 결국 모두를 총으로 쐈다.

레이첼이 죽었고, 전 부인은 나중에 병원으로 옮겨갔지만 부상으로 인해 그만 죽고 말았다. 그의 아들 역시 심한 부상을 입었다. 다행히도 그 아들은 시간이 지나면서 회복되었다(*The Tennessean*, June 26 and 30, 2004).

자라면서 폭력을 자주 경험한 아이들에게는 부모가

함께한 자리에 있다는 것이 공포, 그 자체이다.

   술을 마셨고, 화나고, 상처받은 아빠(또는 엄마)가 무슨 짓을 저지를지 모르지만, 주위에 사람들이 그렇게 많은데, 설마 무슨 일이라도 나겠어?

   물론, 어떤 행사에서 사이가 좋지 않은 부모가 함께 만난다고 죽음을 불러오는 경우는 극히 드물다. 그러나 많은 경우에 그들 사이의 갈등과 긴장이 피부로 느껴지는 것 또한 사실이다. 몇몇 축하 행사들은 마치 만성적인 질병처럼 아이의 남은 삶 전체에 영향을 끼치는 내적인 상처를 남기기도 한다.

   해마다 봄이 되면 아이들은 부모가 서로 마주 대할 일이 없도록 스스로 졸업식에 참가하지 않기로 결정한 일을 떠올릴지도 모른다. 또한 결혼기념일만 되면 어떤 부부는 그들이 결혼했던 법원에서 찍은 사진이 없다는 것을 떠올릴 수도 있다. 이 부부는 결혼을 법원에서 했다. 왜냐하면 만일 교회에서 한다면 어떻게 해야 그들의 부모님, 부모님의 전 배우자, 그리고 그들의 최근 파트너들이 모멸감을 느끼지 않고 함께 그 자리에 있게 할지 결정할 수 없었던 것이다.

이미 그 사람들 사이에 커다란 슬픔이 자리잡고 있기 때문에, 만일 그들의 부모가 예의 있는 모습을 보이지 못한다면, 또 다른 슬픔을 가져다 줄 뿐이며, 많은 사람이 함께 있음으로 경험할 수 있는 치유를 오히려 방해하는 꼴이다.

결혼은 교대 시간을 가진 아이들에게는 특히 더 고통스럽다. 즐거운 출발이 결국 고통스러운 결말로 이어질까 두렵기 때문이다. 아빠와 엄마의 두 세계 속에서 직접 경험했던 모든 복잡한 것이 떠오른다.

"만약에 아빠가 내 결혼식 비용을 부담하겠다고 하셨으면, 아빠의 새 부인은 함께 결혼식장 맨 앞쪽에 앉으셔야 했을 거예요. 아빠가 나를 데리고 주례자 앞까지 걸어가셔야 하기 때문이에요. 그런데 외할아버지와 외할머니께서 결혼식 비용을 지불해 주겠다고 하셨어요. 그래서 아빠는 많은 말씀을 하지 않으셨어요. 할아버지께서는 나와 함께 신부입장을 하고 싶어 하셨어요. 나는 항상 내 결혼식 날은 완벽할 것이라는 꿈을 꾸었어요. 그런데 엄마는 나의 결혼식 계획을 세우기 시작한 순간부터 내내 우셨어요. 엄마가 결혼할 때 든 비용으로 인해 할아버지가 수년 동안 고생하셨거든요. 더 기가 막힌 것은 엄마가 아빠와 이혼하는 데 드는 비용을 할아버지께 다시 부탁하셨는데, 그 순간에도 할아버지는 엄마의 결혼 비용을 갚고 계셨던 것이에요. 그런데도 할아버지는 그런 것에 개의치 않으셨어요.

나는 엄마가 결혼식장에서 단지 눈물 조금 흘리는 것 이상의 일을 하실까봐 몹시 걱정을 했어요. 아빠가 나를 데리고 앞으로 걸어 나올 때 무엇이라도 하실 것만 같았어요.

나의 결혼 상대인 아브람이 날 이해하는 것이 더 쉬운 일인지도 몰라요. 그의 가족은 매우 사랑이 넘치고 안정적이에요. 때때로 내가 우리 가족들과 함께 어울리는 것이 얼마나 힘든 것인지를 말하면 그는 내가 과장해서 말한다고 생각하는 것만 같았어요.

우리 가정은 금방 터질 것 같은 화산과도 같아요. '결혼'이라고 일컬어지는 관계 속에서 끓고 있던 마그마가, 이혼으로 형성된 아빠와 엄마 사이의 아주 차갑고도 미묘한 감정의 층 밑으로 뜨겁게 흘러가고 있어요.

아브람과 내가 우리의 친구들과 동료들에게 좋은 인상을 심어 주기를 바라는 것이 무슨 문제가 될까요? 우리는 꽤 오랫동안 사귀었고 이제 가정을 이루기를 원해요. 그래서 우리는 결혼을 하기로 한 것이에요. 결혼식이 끝난 후 컨츄리 클럽에서 친구들을 모두 초청해서 축하 파티를 가지려고 그동안 돈을 저축해 놓았어요.

그래서 아빠가 결혼비용을 지불하실 수 없다는 등의 일로 인해 그날의 흥겨운 분위기가 깨지는 일은 없을 거 같아요. 아빠는 분명히 할아버지가 아빠와 엄마를 위해서 마련해 주셨던 성대한 파티를 잊어버리셨음에 틀림없어요. 사진들은 정말 너무도 아름다워요. 여러 종류의 꽃들이 도처에 잘 깔려 있고(미국의 동북부의 12월에는 보기 힘든 광경이에요). 작은 마을을 밝힐 수 있는 충분한 촛불과 샴페인이 있어요.

만일 결혼식을 계획하는 일이 이렇게나 어렵다면, 나는 우리 부모님이 내 아이들의 생일 파티나 음악회 등에서 어떻게 행동하실지 생각하는 것만으로도 두려워요. 그래요. 한 번에 하나씩만 생각할래요. 하지만 이런 생각을 할 때면 배가 아파져요."

부모의 결별이나 이혼은 아이들에게 영원히 끝나지 않는 사건이다. 아이들은 아빠와 엄마 사이에 존재하는 각각의 세계에서 살아간다. 살아가면서 만나게 되는 일들 때문에 어쩔 수 없이 이혼한 부부가 한 자리에 있어야 된다면, 우리의 아이들은(세 살이건 서른 살이건 관계없이) 부모가 어떤 반응을 보이고 행동을 하는지에 특히 예민할 것이다. 사실 아이들은 부모 사이의 팽팽한 긴장의 강도를 끊임없이 점검하며 살아간다.

> **"나를 가장 괴롭게 하는 것은 아빠와 15년 동안 살아오고 있는 아빠의 새 부인이 누나의 장례식장에서 우리와 함께 자리하는 것을 엄마가 못 하게 하신 것이에요. 엄마와 아빠는 14년 전에 이혼하셨는데, 이혼 그 자체가 나에게 그리 큰 문제가 되지는 않았어요. 아빠는 우리와 함께 앉지 않으셨어요. 엄마는 '아빠가 나와 이혼을 원했었는데, 아빠에게는 좋은 결정이 아니라고 생각한다.'라고 말씀하셨어요.
> 한 가지 말하고 싶은 것이 있는데, 그것은 적어도 아빠는 누나가 죽기를 바라지 않으셨다는 점이에요. 아빠

는 누나가 무엇이든 거의 다 살 수 있도록 충분한 양육비를 주셨어요. 그런데 불행히도 누나는 엄마의 중독적인 성격을 닮아서, 열여덟 살 때 벌써 섭식장애(eating disorder) 클리닉을 네 군데나 다녔어요.

누나의 남자 친구가 절교를 선언했을 때, 그는 누나를 진정시키려고 노력했어요. 그러나 누나는 우울증에 빠지고 말았어요. 누나는 '모든 남자가 다 똑같아. 아빠처럼 말이야. 너도 아빠처럼 되면 나는 너를 저주하고야 말거야'라고까지 말했어요.

며칠 동안 누나는 방안에 틀어 박혀 꼼짝도 않고 있다가, 어느 날 아침에 밖으로 나오더니만 기분이 좋아졌다고 말하는 것이었어요. 엄마와 나는 그 말을 듣고 기뻤어요. 전처럼 이것저것 마구 먹지도 않았죠. 우리는 그날 오후 누나가 어디로 갔는지 몰랐는데 나중에 안 사실은, 누나는 친구들에게 전화를 해서 자신의 새로운 삶을 축하하는 파티를 하자고 했대요. 누나는 그때 모든 것으로부터 자유로워졌던 것 같아요.

누나와 친구들은 몇 시간 동안 먹고 마시고 이야기를 나누었대요. 누나 친구들은 누나가 요 몇 주 사이에 그렇게 행복해하는 모습을 본 적이 없었대요. 누나는 단지 몇 잔밖에 안 마셨기 때문에 운전하는 데 별 무리가 없어 보였어요. 단, 누나의 친구들이 몰랐던 것은 차 안에 엄마가 마시던 술을 가지고 있었다는 점이에요. 친구들과 파티를 끝내고 나서 누나는 평소에 좋아했던 공원으로 가서 엄마와 나에게 각각 편지를 써서 우편으로 부쳤어요. 그런 후, 평소에 가장 좋아했었던 산자락의 절벽 너머로 운전했던 거예요. 처음에 우리는 이것은 사고였고, 누나는 취해 있었다고 생각했어요. 그런데 누나가 보낸 편지가 온 것이에요. 누나가 술에 취해서 발생한 사고가 아니었어요. 우리는 편지가 오고 있는 것도 몰랐어요. 우리는 지금 정신 차리고 보다 현명해질 필요가 있어요. 그러나 너무 늦은 감이 없잖아 있어요. 엄마는 왜 아빠가 우리와 함께 앉지 못하게 하는 걸까요? 하나님, 제발 제가 엄마와 아빠처럼 살지 않도록 도와주세요."

아빠, 엄마의 실수를 되풀이하고 싶지 않아요!

자신이 똑같은 실수를 하지 않기 위하여 타인의 실수로부터 배우는 것은 삶이 주는 귀한 교훈이자 가르침이라고 할 수 있다. 이와 같은 지혜는 우리에게 분명히 큰 도움이 될 것이다.

그렇게 생각하지 않는가?

그러나 만일 당신이 교대 시간을 보내고 있는 아이라면 부모가 저지른 실수는 바로 우리 자신을 마비시킬지도 모른다. 정말이지 부모가 저지른 잘못을 우리 자신도 반복할 가능성이 있다는 것조차도 절대로 인정하고 싶지 않을 것이다. 가난, 계속되는 싸움, 또는 아이 양육비에 대한 간청 등과 같은 부모가 겪었던 쓰라린 경험을 하기 원치 않는다. 또한 당신의 자녀 그 어느 누구도 두 부모의 세계 사이를 정기적으로 왔다 갔다 하는 것을 원하지 않을 것이다.

부모의 잘못을 반복하기를 원치 않는다고 할 때, 이 말이 교대 시간을 보내고 있는 아이들에게 과연 어떤 의미가 있을까?

그것은 부모로부터의 소외와 단절을 경험한 아이들이 결혼을 주저하는 경향이 있다는 것을 의미한다(Wallerstein, Lewis, and Blakeslee, 329). 아이들은 누군가와 자기의 삶 전체를 헌신해야 하는 관계를 맺는 데 있어 주저한다. 다른 사람을 신뢰하는 능력이 불안정한 것이다. 만일 자기가 사랑했던 사람 역시 부모처럼 자기의 곁을 떠나가면 어쩌나 하는 염려가 있다.

> "나는 여러 번 약혼을 했었지요, 그러나 결코 결혼까지 이르지는 못했어요. 상대 여자들은 다 착하고 좋은 사람들이었는데, 그들은 한결같이 자녀를 갖기를 원했어요. 하지만 나는 그럴 수 없었어요. 나는 내가 그랬던 것처럼 내 아이들이 슬픔과 우울증을 겪을지 모르는 모험을 할 수 없어요. 우리 엄마가 집을 떠났을 때, 동화 같았던 저의 삶이 그만 막을 내리고 말았어요. 나는 그때 이후로 무언가에 헌신하기를 두려워하는, 즉 헌신-공포증에 빠져 버렸어요."

두 세계를 왔다 갔다 하는 아이들은 자기의 자녀를

갖는 것을 꺼려하는 경향이 있다(Wallerstein, Lewis, and Blakeslee, 329). 이 아이들은 가족을 가진다는 것이 반드시 두 부부가 그 어떤 일을 만나더라도 함께 협력해서 해결해야 한다는 것을 의미하지 않음을 알고 있다. 많은 아이가 병이나 실직, 군대 배치, 집안일 등을 대처하는 데 반드시 부부가 의견을 함께하는 것이 아님을 알고 있다. 교대 시간을 보내고 있는 아이들은 가족을 갖는다는 것에 대한 두려움과 어려움을 느낀다.

> "우리 아이도 나처럼 나누어진 삶을 알게 되면 어떻게 하나요? 학교에서 선생님이 각자 가계도를 그리라고 할 때 내가 항상 얼마나 지긋지긋했는지 아세요? 선생님은 항상 내 과제에 나오는 여러 사람들에 대해서 물어보셨어요. '네, 바로 저의 가족입니다'라고 나는 말했어요. 나는 지금도 가계도를 그리는 것이 죽고 싶을 정도로 싫어요."

어떤 아이들은 부모의 이혼이 그들의 삶을 붕괴시키고 혼란에 빠뜨렸기 때문에 어떤 계획들을 세우거나 제대로 실천에 옮기는 것에 대해서 어려움을 겪는다. 그들은 자기 자신이 누구인지 그리고 어디로 가고 있는지에 대해서 알고 있다고 생각했지만, 지금은 확신하지 못한다. 마약, 알코올, 범죄, 그 밖의 다른 "일탈 행위"들은 괴로움에서 벗어나거나 자신의 고통에 다른 사람들의 관심을 끌기 위한 시도일지도 모른다.

"나는 아빠, 엄마가 이혼하신 이후로 술을 마시기 시작했어요. 아빠는 나보고 엄마와 똑같이 행동한다고 말씀하셨죠(누군가 당신에게 당신의 부모 중 한 사람을 보는 것 같다는 말을 한다면 그것은 보통 긍정적인 의미를 가진다. 그러나 만일 당신이 교대 시간을 보내고 있는 아이라면, 이 말은 칭찬이 아니다).

'너는 왜 담배만 피우고 파티만 즐기면서 네 멋대로 사니? 왜 아빠가 하는 건축사업에 도움이 될 만한 회계학 수업을 듣지 않니? 나는 너를 위해 많은 것을 해왔지 않니?'

물론 아빠는 나를 위해 모든 것을 다 하셨어요. 사실, 아빠는 일중독자이세요. 나는 단지 아빠를 위해서 일을 해야 한다고 생각하지 않았어요. 그래서 나는 다니던 대학을 그만두었죠. 술 마시고 마리화나를 피우는 데 많은 시간을 보냈어요. 아빠는 내가 아빠를 도왔으면 좋겠다고 말씀하셨지만, 사실은 나를 조금도 필요로 하지 않으셨어요. 엄마는 항상 아빠와 나 사이에서 다리 역할을 하셨죠.

이젠 모든 게 끝났어요. 아빠는 더 이상 이곳에 계시지 않고, 엄마도 전화도 거의 안 하세요. 내 삶은 뭔가 도전해 볼 만한 것이 없어요. 나는 그저 따분한 겁쟁이에 불과한 거 같아요. 이게 서른아홉 살이나 된 사람의 삶에 대한 생각이니 말이 안 되죠?"

엄마를 방문할 때에도 평화가 그리 오래가지 않아요. 여러 가지 이유로, 엄마는 아직도 나보고 삶의 목표들을 세워야 한다고 하세요.

'너는 아직 결혼을 포기하기에는 이른 나이야! 나는 언제나 손자나 손녀를 볼 수 있겠니? 네가 가진 영특한 머리는 또 어떻고?'

엄마는 이러한 말들이 나에게 얼마나 큰 상처를 주는지 모르세요. 엄마는 심지어 대학교를 마칠 때까지 등

록금을 대주겠다고까지 하셨어요. 하지만 나는 엄마에

게 엄마의 앞날이나 돌보시라고 말씀드렸어요."

어제는 나의 모든 괴로움이 다 사라져버린 것 같았는데,
　지금은 그것들이 여기에 머물러 있는 것처럼 보여요.

－존 레논과 폴 매카트니(John Lennon and Paul McCartney)
"Yesterday"

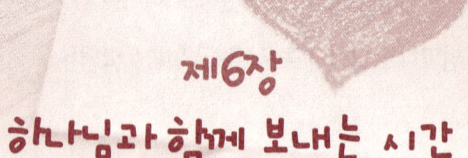

제6장
하나님과 함께 보내는 시간

할아버지께!

안녕하세요 할아버지!
저는 오늘 하나님의 집에 다녀왔어요. 그런데 이곳의 하나님의 집은 할아버지와 함께 다녔던 그곳과는 전혀 달라요. 거기 교회는 예쁜 색으로 칠한 유리, 짙은 색 나무로 만들어졌고, 아주 조용했잖아요. 오르간에서는 천사의 소리와도 같은 음악이 흘러나왔구요.
그런데 아빠랑 같이 간 교회는 2천 명 정도의 사람들이 예배를 드렸어요. 이곳에는 록밴드팀이 있었구요, 예배 장소는 꼭 체육관 같았어요. 거기다가 앞에는 몇 개의 식물들이 있더라구요. 하나님은 집이 아주 많으시다고 아빠는 말했어요. 할아버지 교회와 아빠 교회는 마치 엄마와 아빠 집만큼 서로 달라요.

사람들은 친절했지만, 내가 오늘 아빠하고 처음 나온 것은 알지 못하는 것 같았어요. 엄마가 교회에 다니시지 않는 것에 대해서 하나님은 화를 내실 거라고 생각하세요?

알아맞춰 보세요. 목사님은 설교 시간에 예수님의 가족들이 떠났을 때 예수님이 하나님의 집에 머물렀다는 이유로 어려움에 처했던 이야기를 하셨어요. 예수님도 아빠가 둘임에 분명해요. 예수님은 자기 아빠 집에 있는 것이라고 말씀하셨거든요. 그런데 요셉과 마리아는 그들의 집으로 가고 있었잖아요. 그러니까 예수님은 한 아빠의 집에 계셨고, 다른 아빠의 집에는 안 계셨던 거지요. 제 말이 맞나요? 아마도 예수님은 내가 아빠와 양아빠에 대해 어떻게 느끼는지 알고 계실거예요.

할아버지! 질문 하나 더 있어요. 몇 년 동안 저는 아빠와 엄마가 그만 싸우고 잘 지내기를 기도하고 또 기도했거든요. 저는 아빠가 항상 그렇게 화를 내는 것을 그만두게 도와달라고 계속해서 하나님께 기도했는데, 그렇게 되지 않았어요.

하나님은 어린아이들의 기도도 들어주시나요?

질문 하나만 더 할께요. 하나님이 우리 아빠 같은가요? 기도할 때마다 아빠가 생각나요.

'하늘에 계신 우리 아버지…!' 만일 하나님이 할아버지와 같다면, 정말 좋겠어요. 그런데 아빠와 같다면요?

아빠는 좋을 때도 있지만, 그렇지 않을 때도 있어요. 화가 나면 마치 다른 사람 같아요.

할아버지, 할머니, 건강하게 잘 지내시기를 바라요. 심장을 위해서 다이어트는 잘 하고 계세요? 제가 두 분 사랑하는 것 아시죠? 하나님이 할아버지 심장을 고쳐주시기를 늘 기도하고 있어요.

사랑으로, H

정말 의아한 게 있어요

잠시 어린 시절로 한번 되돌아가 보자.

정말이지 너무 신기한 일 때문에 놀라워했던 적을 기억하고 있는가?

도대체 내 동생이 어디서 나온 것일까?

어떻게 해서 해마다 봄이 되면 나무에서 새 잎이 돋아 나는 것일까?

매번 집 전체를 흔들어 버릴 것만 같은 천둥 번개 소리는 또 어떤가?

아마도 궁금하게 여기는 범위가 거룩한 신적인 영역으로 옮아갈 수도 있었을 것이다. 하나님은 어떻게 생기셨을까 하는 질문을 가졌을 수도 있다. "하나님은 어디에서 사시지?"라고 궁금해했을 수도 있다. 혹은 "산타 클로스 할아버지처럼 예수님도 나를 항상 보시고 계실까?"라는 의문도 가능할 것이다.

이러한 것들뿐 아니라 우리는 살아가면서 늘 궁금한 것이 많았다. 이와 같이 교대 시간을 보내고 있는 자녀들 역시 알고 싶은 것들이 많다. 놀라워하고 경이로워하면서 궁금해하는 그들의 질문은 부모가 영적인 것에 얼마나 관심이 있느냐 없느냐에 따라 부모를 반갑게 하기도 하고 짜증이 나게도 한다.

자녀가 던지는 그러한 질문에 대해서 부모는 대개 다음과 같이 둘 중 하나로 반응한다. 삶 속에서 만나는 이해할 수 없는 것들과 신적인 것들에 대해서 다시 한 번 더 생각하거나, 화내면서 질문 자체를 완전히 차단하는 것이다.

하나님과 함께 보냈던 시간

경이로움, 질문 던지기, 탐색하기, 그리고 의문점 명확하게 밝히기 등의 활동들은 다름 아닌 아이들이 삶을 배우고 알아가는 방법이라고 할 수 있다. 익히 알아왔던 것처럼 자신의 삶 가운데 중요한 변화가 일어나면, 그들은 보다 자주 의아해하고 궁금해할 것이다. 많은 아이들은 거룩한 분(혹은 그들이 각각 느끼는 하나님에 대해서 붙이는 어떤 이름)이 자신의 질문에 대한 답을 알고 있을 거라고 믿는다. 지구상에 매우 다양한 종교들이 존재한다는 것을 가정해 보자. 어떤 사람이 세계 종교에 대한 연구로 박사과정을 공부할 수 있지만, 그렇다 하더라도 여전히 그 많은 종교 사이의 모든 차이점에 대해서 설명할수는 없을 것이다. 어느 주어진 종교 집단 내에서의 영적인 이해는 매우 독특하다. 지금 우리는 아이이고 매우 다른 종교적인 가르침과 형식을 이해하고자 애쓰고 있다는 가정하에 다음으로 넘어가도록 하자.

하나님도 하나 이상의 집이 있어요!

"가정이라고 불러야 하는 두 개의 집을 가지게 되었을 때, 처음에 나는 너무 외롭다는 느낌이 들었어요. 당시 나의 모든 친구가 자신의 방 하나와 하나의 가정 그리고 하나의 집주소를 가지고 있었어요.

어느 날 나는 우리 엄마와 내가 살고 있는 작은 도시에 있는, 하나님께서 허락하신 집들의 수를 세어보기 시작했어요. 거기에는 일흔다섯 개나 되는 다른 종류의

> 집들이 있었어요. 작은 집, 큰 집, 벽돌로 만든 집, 나무로 만든 집, 시멘트 집, 교회, 회당, 절, 사원, 회의소, 성스러운 곳.
> 사람들은 그러한 각 장소에서 하나님을 발견해요. 지금 나는 외로움을 그렇게까지 느끼는 건 아니에요. 와우! 만약에 내가 이 세상에 있는 모든 장소를 헤아리려고 한다면, 나는 그것들의 수를 다 세고 정리하기 위해서 아마도 컴퓨터의 도움이 필요할 거예요. 이 모든 주소를 생각해 보세요. 거기에 살고 있는 모든 사람은 또 어떤가요?
> 하나님이 하늘을 날아가는 참새들을 다 알고 계시듯, 정말로 우리 각자를 다 알고 계실까?"
>
> (눅 12:6-7 참조)

하나님이 어디에나 계신다는 사실을 아이들은 깊이 생각해보고는 기쁨으로 받아들인다. 그러나 때때로 부부 사이에 단절을 가지고 오는 것은 다름 아닌 종교의 차이이다. 부부 각자가 성숙해 감에 따라서 종교적인 헌신의 중요성은 부부 가운데 한 사람 혹은 두 사람 모두에게 보다 중요한 의미를 가지게 될지도 모른다. 그러나 때로는 그러한 종교적인 헌신이 부부 두 사람을 완전히 반대되는 방향으로 이끌기도 한다. 모든 부부가 순조롭게 다룰 수 있는 것이 아니며 두 사람 사이의 관계에 있어서 과도기적인 역할을 한다.

아이들은 거룩하고 능력이 있다고 여기는 하나님에 대한 질문으로 꽉 차 있다. 아이들이 하나님에 대해서 궁금해하는 것과 목사님이나 주일학교 선생님들에게 무엇이라고 말하는지 한번 들어보자.

하나님은 나를 보고 싶어 하실까요?

"우리 엄마 아빠는 내가 할아버지 할머니와 교회 가는 것 때문에 항상 다투세요. 할아버지와 할머니는 매주 토요일에 열리는 미사에 항상 나를 데리고 가세요. 미사 후에 우리는 늘 우리가 좋아하는 식당에 가서 멋진 식사를 해요. 할아버지와 할머니를 아는 분들은 나에게 다가오셔서 어떻게 지내느냐고 물으세요. 엄마와 함께 있건 아빠 집에 가 있건, 할아버지와 할머니는 여전히 나에게 오셔서 미사에 데리고 가시죠.
내가 엄마 집으로 와서 함께 있을 때 이 문제로 엄마는 화가 나기 시작했어요. 엄마는 내가 성당의 신부님으로 인해 상처받는 걸 원치 않는다고 말씀하세요. 그런데 나는 사실 엄마가 무슨 말씀을 하시는지 잘 모르겠어요.
조 신부님은 우리 모두에게 너무나 좋은 분이세요. 할아버지는 텔레비전에서 신부들에 대한 어떤 기삿거리라도 나올라치면 채널을 돌리세요.
나는 할아버지 할머니와 함께 계속 미사를 드리러 가고 싶어요. 미사는 아빠, 엄마가 이혼한 후에도 내가 하던 일을 계속 할 수 있는 일 몇 가지 중 하나예요."

종교적인 주제에 대한 토론이 얼마나 많은 에너지와 감정을 필요로 하는지 어른들은 알고 있다. 역사와 전통에 대해서 다른 사람들에 비해서 유난히 크게 중요하게 여기는 사람들이 있기 마련이다.

"이 사당(절, 사원 혹은 교회)은 우리 할아버지의 아버지,

할아버지, 그리고 부모님이 이혼하기 전까지 우리 가족이 다니던 곳이에요. 나는 지금 이곳과 작별하고 싶지 않아요."

어떤 사람들은 이혼을 한다 해도 그동안 해 왔던 신앙 생활을 지속하려고 하지만, 또 다른 사람들은 교회가 판단과 처벌의 장소로 느끼고, 심지어는 하나님께로부터 버림받았을지도 모른다고 생각한다.

아이들이 전에 했었던 것처럼 예배를 드릴 수 있느냐 없느냐의 여부는 대개 그들의 부모와 의붓부모의 의지에 달려있다. 왜냐하면 그들이 아이들을 예배 장소까지 데려다 주어야 하기 때문이다.

또한 만일 부모의 허가가 났다고 가정했을 때, 아이들의 예배 참석 가능 여부는 그곳의 다른 멤버들의 친절과 관대함에도 달려있다. 아이들은 교대 시간이라는 힘겨운 경험을 하는 동안에 같은 종교 공동체에 있는 사람들이 베푸는 따뜻함을 통하여 용기를 얻을 수 있기를 바라고 있다. 종종 청소년 지도자나 성가대 지휘자 혹은 교사들은 뭔가 갈등하거나 상처받은 사람들에게 좀 더 예민해질 수 있는 훈련을 받기도 한다.

"교회를 떠난 후 하나님이 나를 보고 싶어 하실지 궁금해요. 나는 여름 동안에 엄마와 그렉과 있었어요. 엄마는 완전히 교회하고는 담을 쌓고 지내는 터라서 만일 내가 우리 집 바로 위에 있는 교회에 가도 되냐고 물으면 화만 내세요. '우리가 힘들고 어려워 그들을 필요로 할 때 그 교회 사람들은 어디에 있었니?'라고 엄마는 말씀하세요.

나는 엄마를 이해해요. 왜냐구요? 그 교회 식구들은 엄마가 이혼하자 엄마하고 이야기하는 것을 끊었거든요. 하지만 나는 부모님의 이혼 후에도 그 교회에 다니곤 했었는데, 그분들은 나에게도 그저 있어도 그만 없어도 그만이라는 식으로 대하셨거든요.

그러나 나는 하나님이 나를 보고 계시리라는 것을 믿어요. 주일학교 선생님이셨던 스미스 부인은 나를 보면 항상 반가워하셨어요. 친절하게 내게 어떻게 지내느냐고 물어봐 주시고, 너무나 내가 보고 싶었다고 따뜻하게 말씀해 주시곤 하셨죠.

정말 올해에는 한 번도 빠지지 않고 교회에 나가면 정말 좋겠는데, 엄마와 그렉은 불가능한 일이라고 해요. 그래서 나는 주일을 많이 빼먹었어요. 내가 교회에 나가지 않을 때도 하나님은 나를 보고 싶어 하실 거라고 생각하세요?"

우리의 삶에서 통과의례는 중요한 의미를 지닌다. 처음 운전면허증을 땄을 때, 부모와 살던 정든 가정을 떠날 때, 혹은 처음으로 사회에서 잡았던 직장 등을 한번 기억해 보라.

마찬가지로 종교적인 측면에서도 이러한 통과의례가 있다. 세례 받을 수 있었던 기회를 거부하던 일이나 처음으로 성만찬이나 입교인이 되었을 때 등의 기억들은 그리 쉽게 잊히지 않는다. 만일 유대인이라면 열세 살이 되던 해 갖는 성인식이 많은 젊은이의 정체성 형성에 가장 중심이 되는 경험이 될 것이다. 아이들은 믿음을 갖기 원한다. 부모의 반대 때문에 자기만의 종교적인 헌신을 할 수 없을 때 아이들은 이해하기 힘들어 한다.

"나는 올해 성년식을 하기를 정말 원했어요. 내 또래의 모든 친구와 나는 성년식을 우리가 경험하는 것 중에서 가장 성스러운 것으로 언제나 기억할 거예요. 물론 성년식은 아주 재미있는 축하행사이기도 해요. 하지만 이러한 일은 일어나지 않았어요.

나의 부모님은 종교가 다른 두 사람의 결혼은 매우 심한 갈등을 겪을 수밖에 없다고 생각하시는 분들이세요. 부모님은 내게 좀 더 넓은 종교적인 비전을 살펴볼 수 있는 기회를 가지게 될 것이라고 말씀하셨어요. 부모님의 말씀은 적어도 이혼하기 전까지는 옳았어요.

나는 유대인 아빠에게 기독교인 엄마와 함께 계속 사실 것을 고려해 보시라고 간청했어요. 예수님이 유대인이었다는 사실을 엄마도 아시지 않냐고 하면서. 엄마는 아빠가 나에게 유대교의 안식일을 지키게 하고 히브리어를 배우는 학교에 다니도록 하는 것에 대해서 개의치 않으셨어요. 그런데 그러한 것들이 지금 문제가 되고 있는 것이에요.

아빠와 이혼한 이후, 엄마는 우리의 삶에서 아빠를 기억나게 하는 것들이라면 다 없애고자 하셨어요. 나는 내가 종교적으로 아끼던 모든 것을 엄마의 눈에 보이지 않도록 숨겨야만 했어요.
성년식은 내 삶에서 가장 중요한 행사이기 때문에 제발 아빠에 대한 분노 때문에 막지 말아달라고 말했지만 엄마가 들어주지 않아 너무 슬펐어요. 반면에 나의 모든 친구가 성년식을 했기 때문에 나의 우울증은 갈수록 더 심각해져 갔어요. 나는 지금 엄마가 나와서 음식을 먹으라고 강요할 때 외에는 방에서 나오지 않고 있어요."

하나님은 우리 아빠와 같을까?

어른들처럼, 아이들도 하나님의 본질에 대해서 궁금해한다. 예배를 드릴 때 아이들은 아마도 하나님이 그들의 "아버지"가 된다는 말씀을 들을 것이다. 크리스천이라면 예수님이 기도하실 때 하나님을 "아빠" 혹은 "아버지"라고 부르셨다는 사실을 알고 있다(막 14:36).

이 사실은 이 장 첫 페이지에 나오는 편지를 쓴 H처럼 우리들로 하여금 고민하게끔 한다. H는 정말로 하나님이 자기가 아빠라고 부르는 사람과 같을까 궁금해했다. 아이들은 뭐든지 구체적으로 생각하기를 좋아한다. 만약에 우리가 어린아이에게 달에 사람이 있다고 말한다면, 아이들은 정말 그런가 하고 알아보기 시작한다. 또는 만일 우리가 아이들에게 하나님이 우리의 아버지가 되신다고 말하면, 그들은 자신이 가지고 있는 아빠에 대한 모든 이미지를 그대로 하나님께 투사한다. 긍정적이든 부정적이든, 아빠가 있든지 없든지 모든 것을 포함한다.

"하나님이 우리 아버지와 같으시다구요? 나는 정말 그런지 궁금합니다. '하늘에 계신 우리 아버지'라고 기도할 때면, 나는 하늘에 계신 우리 아버지가 생각납니다. 아버지는 베트남 전쟁 참전용사이셨어요. 어머니가 그러시는데, 결혼하실 때만 해도 아버지는 매우 친절하고 조용한 분이셨답니다. 그런데 전쟁에서 돌아오신 후에 아버지는 전혀 다른 사람이 되셨답니다. 전혀 친절하지 않은 사람으로 변하셨다고 합니다. 하나의 예를 들면, 어떤 조그마한 일에도 정말 크게 화를 내시고 비난을 쏟아내셨죠. 아버지는 거의 30여 분이나 계속 쉬지 않고 욕설과 악담을 퍼부으시는 겁니다. 우리 가족들은 아버지가 다시 그와 같은 심한 상황에 빠지지 않으시도록 하기 위해서 아버지가 함께 계실 때는 극도로 조심하는 법을 배웠습니다.

아버지와 아버지 친구분이 어느 조그만 술집에서 과음을 하신 후 차를 몰고 가시다가 예기치 않게 사고가 나서 돌아가셨습니다. 나는 아버지가 돌아가시고 난 후, 이제 비로소, 아버지는 외상 후 스트레스 장애에 시달리셨다는 사실을 알게 되었지요. 나는 당시에는 이러한 사실을 몰랐고, 어머니도 마찬가지였습니다.

하늘에 계신 하나님이 이곳에 계실 때 너무나 큰 고통을 당하신 우리 아버지에게 좋은 친구가 되어 주시리라 믿어요."

때때로 하나님이 우리 부모와 같다는 생각이 아이들에게 어려움을 줄 수 있는 반면, 보호자를 찾고 있는 이들의 경우에는 이러한 이미지가 큰 위안이 되기도 한다.

"엄마가 마구마구 미친 듯이 나를 몰아세우실 때 아빠는 내가 안전함을 느끼도록 해 주셨어요. 엄마는 나무로 만든 숟가락으로 나를 정말 세게 때리셨어요. 그러면, 아빠는 엄마에게 우리의 가장 소중한 딸에게 상처 주는 것을 그만두라고 말씀하셨죠. 나를 도와줄 수 있도록 아빠가 여전히 이곳에 살아계셨으면 좋겠어요. 엄마는 항상 거의 미친 사람처럼 행동하세요. 엄마에게서는 또한 이상야릇한 냄새가 나요. 엄마는 향냄새라고 하는데 학교에 가면 선생님이 코를 킁킁거리면서 냄새를 맡으세요. 하나님이 정말 우리 아빠와 같은 분이신가요?"

아빠, 엄마 역할을 하는 사람을 두 명 이상 갖는 것은 교대 시간을 보내고 있는 아이들에게는 흔히 일어나는 경우이다. 그들의 부모가 이혼 후에 다른 사람과 재혼을 하거나 아니면 그저 동거를 하는데, 어느 경우에나 아이들은 어른을 존경하거나 복종하기를 요구받는다.

이 장의 처음에 나오는 편지를 쓴 H는 예수님도 아버지가 둘이었다는 사실에 기뻐했다. 마리아와 요셉이 떠낳음에도 불구하고 그들의 아들이었던 예수님께서 "내 아버지의 집에 머물기 위하여" 회당에 계속 머물고 계셨다는 이야기를 목사님으로부터 들었을 때, H는 예수님도 자기처럼 가정이 둘이고 아버지도 둘이었다는 사실을 깨닫고는 위안이 되었던 것이다. 예수님도 두 개의 세계에서 사셨다. 하늘에 계신 아버지와 이 세상에 있는 아버지를 가진 것이다.

아빠와 엄마라는 이름으로 부모가 자녀들에게 행하는 부정적이거나 건강하지 못한 행동들로 인해 아이들이 "아빠"라는 단어를 사용하여 하나님께 기도할 때 그 어떤 위로도 받을 수 없는 경우가 있다.

어느 여성이 이렇게 말하는 것을 들은 적이 있다.

"나는 '우리 아버지'라는 말로 기도할 수 없어요. 글쎄요. 단지 그런 말이 나오지 않아요."

그녀는 잠시 말을 멈추고 침묵하더니, 이내 곧 눈을 크게 뜨고 슬픈 표정을 지었다. 나는 기다렸다. 그녀는 조심스럽게 천천히 말을 이었다.

"아빠는 성적으로 나를 학대했습니다."

그녀는 말을 더듬거렸다.

"아버지는 저를 학대한 것입니다."

보다 긴 침묵이 흘렀다.

마침내 나는 그녀에게 물었다.

"누가 당신에게 사랑을 베풀었나요? 누가 당신을 보호해 주었죠? 당신이 아파하고 슬퍼할 때 누가 위로해 주었나요?"

그녀는 망설임없이 그리고 확고하게 말했다.

"저의 할머니요."

나는 부드럽게 대답했다.

"그렇다면, 하나님은 당신의 할머니 같은 분이십니다. 하나님을 당신의 할머니와 같은 이미지로 떠올릴 수 있겠어요?"

그녀는 천천히 고개를 끄덕였고, 얼굴에 웃음을 지으며 내 방을 떠났다.

하나님, 질문이 있어요

교대 시간을 보내고 있는 아이들은 다음과 같은 질문으로 꽉 차 있다.

'내가 항상 싸워서 부모님이 이혼하신 것이 아닌가?'

'만일 내가 방을 깨끗이 잘 치웠으면 엄마 아빠의 이혼을 막는 데 도움이 될 수 있었을까?'

'만일 내가 병원에 너무 자주 가지 않고 건강했으면 아빠와 엄마가 잘 사실 수 있지 않았을까?'

'부모님이 재결합하시지는 않을까?'

'내가 온전한 결혼생활을 할 수 있을까?'

아이들은 또한 다음과 같은 질문들도 할 수 있다.

'왜 내 기도는 응답되지 않는 것일까?'

'아버지는 아들을 분노케 하지 말라는 말씀은 무슨 뜻일까?'

'하나님 지금 저와 함께 계시나요?'

'하나님, 여행 가신 것은 아닌가요?'

왜 내 기도를 들어주시지 않으시죠?

"엄마 아빠가 나한테 하신 말씀이 사실이 아니기를 나는 기도하고 또 기도했어요. 나는 아빠 곁을 떠나고 싶지 않아요. 나의 쌍둥이 여동생도 분명히 마찬가지일 거예요. 학교 선생님이 미네소타는 캘리포니아에서 아주 멀리 떨어져 있다고 하셨어요. 사실, 나는 나 혼자 미네소타라는 단어를 쓸 줄도 몰라요. 선생님은 거기는 눈이 많이 온다고도 말씀하셨어요. 우리는 추운 겨울날 입을 옷이 없어요. 나는 해변을 좋아해요. 호숫가에도 물결이 이나요? 나는 아빠를 떠나고 싶지 않아요. 하나님, 왜 아빠, 엄마 마음을 바꿔주시지 않나요? 목사님은 우리가 기도할 때 하나님이 들어주신다고 하셨는데. 하나님은 왜 저의 기도에 응답하시지 않나요? 성경을 보면 하나님은 많은 기적을 행하셨다고 써 있어요. 저를 위해서 기적을 일으켜 주실 거죠?"

"아빠와 엄마를 존경해야만 한다"는 말이 무슨 뜻이죠?

"엄마 아빠가 나에게 자녀들은 부모님을 공경해야 한다고(출 20:12; 마 19:19) 말씀하실 때마다 나는 혼란스럽고 당황스러워요.

부모님이 우리를 양육하시기 위해서 마땅히 지불해야 할 비용에 너무나 집착하시거나 가장 최근의 재산이 누구 소유인지에 대해서 다투실 때에는 솔직히 부모님을 존경하기가 너무 힘들어요. 그리고 아빠, 엄마에게 나의 치아를 교정하거나 대학 갈 때 필요한 돈이 있는지 등에 대해 여쭈어보면, 그분들은 나를 한 대 때리면서 '앞으로 너가 잘 되려면 부모를 좀 더 잘 공경해야 해'라는 말씀을 하세요.

하나님, 제가 부모님 앞에서 아무 말도 하지 않고 조용히 잠자코 있어야 하나요? 엄마하고 같이 있으면 엄마는 아빠를 욕하시고, 아빠와 있으면 내가 알고 싶지도 않은 엄마에 대한 나쁜 소리만 듣습니다.

요전 주일날 목사님이 '아버지들아 너희 자녀들을 노엽게 하지 말지니 낙심할까 함이라'(골 3:21)는 말씀에 대해서 설교하셨어요. 나는 거의 설교단까지 엎드러질 뻔했어요. 나는 꿈을 꾸고 있다고 생각했어요. 그러나 여동생이 묵상할 때 내가 들은 것과 똑 같은 구절을 읽었다고 말한 것을 봤을 때 꿈은 아닌 것 같았어요.
하나님, 모든 사람이 너무 스트레스를 받고 미쳐 날뛰고 있을 때 어떻게 서로가 잘 지낼 수 있을까요? 아빠, 엄마를 공경한다는 말이 무슨 뜻인가요? 그들도 역시 나를 존중해야 되지 않나요?"

하나님, 지금 저와 함께 계시는 건가요?

"내가 하나님 주위를 맴돌면서 하나님은 많은 집을 가지고 있다는 것을 알게 되었어요. 그런데 하나님, 저는 하나님도 여기저기 여행을 하시는지 궁금해요. 하나님, 길거리에서 타이어의 둔탁한 소리를 들으면서 몇 시간을 보내거나, 목적지를 향하여 비행기가 이륙할 때 몸이 마치 붕 뜨는 것 같은 느낌이 어떤지 아시나요? 그리고 계속해서 도착과 출발을 반복할 때 어떤 기분이 드는지 아시나요?"

학교에서 종교 선생님에게 위와 같은 질문을 했었어요. 그때 선생님은 저에게 출애굽기 이야기를 들려주었어요. 유대인들이 노예생활을 한 것과 이집트를 떠난 이야기요(출 13:17-14:31). 하나님은 그들의 울부짖음을 들으셨고 그들을 이끄셨죠.

그들이 노예로 신음하던 이집트에서부터 나오게 되면 기쁠 것이라는 생각이 드는데, 막상 이 백성들은 힘들었던 옛날이 마치 더 좋았던 것처럼 그리워했어요. 나는 이 이야기를 이해할 수 있답니다. 이스라엘 백성들은 계속 여행했고, 새로운 자유를 누리는 가운데서도 불평을 늘어놓지만, 하나님은 그들과 함께하시겠다고 약속하셨지요. 하나님은 낮에는 구름기둥이셨고, 밤에는 구름기둥이셨습니다(출 13:21-22). 하나님도 여행하신다는 것을 알게 되었어요.

만일 제가 나쁜 아이가 되면, 하나님이 저를 떠나시면 어쩌나 걱정했어요. 아빠는 제가 계속 학교에서 말썽을 피우면 더 이상 참을 수 없다고 말씀하신 적이 있어요. 아빠는 어릴 적부터 시작되었던 저의 무단결석과 도둑질에 넌덜머리가 난 상태이셨거든요.

아빠는 이미 인내를 충분히 보여주셨다고 생각해요. 저는 이스라엘 백성들의 이야기를 좀 더 읽었어요. 그들이 계속 문제와 말썽을 일으켰음에도 불구하고, 하나님은 계속 그들과 함께하시고 인도하셨어요. 만일 제가 길을 잃어 헤맨다 하더라도 하나님은 저를 찾으실 것이라는 것을 알아요. 잃어버린 한 마리 양에 대한 이야기가 제 마음에 떠올라요(눅 15:3-7).

크리스천을 위하여 예수님은 제자들을 떠나실 때 확실하게 다시 말씀하셨다고 선생님이 알려주셨어요. 마태복음에 따르면 예수님이 '볼지어다, 내가 세상 끝날까지 너희와 항상 함께 있으리라'고 말씀하셨어요(마 28:20). 제가 교대 시간을 경험하거나, 아빠나 엄마를 기다릴 때, 뭔가를 희망하거나 바랄 때, 무언가를 피하려 할 때 그리고 당황스러울 때 저는 혼자가 아니예요. 하나님, 저는 하나님이 저와 함께 여행에 동행하고 계시리라 믿어요."

랍비나 신부님이나 영적 지도자나 목사님이나 종교지도자와 그들의 회중이 우리와 같은 교대 시간을 보내고 있는 아이들을 생각이나 하는지 알고 싶어요.

아이들은 자기를 포함하는 혹은 제외시키는 어떤 단어나 행동들에 대해서 예민하다. 그들은 자기가 신앙공동체 안에서 가치 있는 구성원인지 아닌지 궁금해한다.

당신은 아이들의 부모가 내린 결정 때문에 아이들을 따돌린 적은 없는가?

만일 어떤 아이가 외워야 할 것을 하지 않았다거나 교회에 지각했다면, 그 책임이 항상 아이들에게 있는 것은 아니라는 사실을 기억하길 바란다.

심각한 정도의 변화와 전이를 경험하고 있는 동안에는 우리가 그저 일상적이고 평범한 것이라고 여기는 것들이 더 이상 그렇지 못하다. 부모는 아이들을 먹이고 입히는 일조차 큰일이라고 느끼곤 한다. 많은 여성과 일부 남성이 별거와 이혼 후에 그들 가족의 생활을 유지하기 위해서 두 개의 직장에서 일한다.

반면에, 당신에게 애정과 돌봄을 원하는 아이들의 매

일매일의 삶에 대해서는 얼마나 많이 알고 있는가?

　당신이 속해 있는 신앙공동체가 교대 시간을 보내고 있는 아이들과 가족을 돕기 위해서 할 수 있는 일에 대해서 생각해 본 적이 있는가?

교대 시간을 보내고 있는 아이들은 "제발 말 좀 조심해서 해주세요"라고 요청한다

> "우리는 매우 독특한 생존환경에서 살고 있어요. 안전하고 평화로움을 느끼려고 애쓰는 두 개의 가정과 두 개의 집이 있어요. 우리 부모님은 서로 사랑으로 만났고 우리를 돌보심에도 불구하고 지금은 서로 남남이 되었어요.
> 우리는 거의 아니 어쩌면 이제는 영원히 부모님이 함께 안아줌으로써 느끼는 안락함을 느끼지 못할지도 몰라요. 우리는 너무나도 많은 것을 잃어버렸고, 이전보다 더 많은 새로운 환경에 적응하고 있어요. 그래요. 우리는 지금 적응하고 있어요. 하지만 나는 여전히 방

황하고 있어요.

당신은 우리에 대해서 염려하고 계신가요? 모든 아이가 다 친부모와 함께 살고 있는 것이 아니라는 것을 아시나요? 물론, 우리가 사랑할 수도 있는 의붓부모 또는 사랑으로 우리와 묶이지 않은 채 자신들의 필요에 의해서 우리 집을 공유하고 있는 어른들이 있어요. 내 친구들 중 몇 명은 아빠가 없어요. 그들은 아빠를 만나거나 알 수 있을 거라는 기대가 없어요.

아빠와 아빠의 여자 친구와 함께 예배 드릴 때 나에 대해서 속삭이지 마세요, 나는 정말 창피하단 말이에요. 수군수군하거나 우리를 피하는 것은 둘 다 우리 가족과 나로 하여금 당신들로부터 멀어지도록 만드는 거예요. 나는 여전히 예전과 똑같은 사람이에요. 그래요, 나는 그전보다 상처를 받았고 곤혹스러움 가운데 있지만, 이러한 것들은 곧 사라지게 될 거예요. 나는 정말로 사람들이 수군거린다 해도 그들에게 내가 가진 친절을 베풀기를 원해요. 바로 이런 자세야 말로 종교인이 해야 할 도리 아닌가요?

어버이날이 되면 모든 부모가 다 훌륭하고 책임감 있

는 것은 아니라는 것을 잊지 마시기를 바라요. 기도나 설교를 할 때 조심해서 단어나 표현들을 사용해 주세요. 특히, 어버이의 사랑을 기념하는 그 주간을 축하하기 위해서 부모와 함께할 수 없는 아이들에게는 그리움과 고통을 가져다 준답니다.

만일 아이들이 그들의 삶 가운데 무책임한 부모에 의해서 버림받았다면, 그 고통은 더 커요. 마치 자신의 친자녀인 것처럼 우리를 사랑하는 의붓부모를 존경하시나요? 만일 그들이 우리를 사랑하지 않는다면, 부모가 사랑하는 그 누군가에 의해서 거절당했다는 느낌은 고문당하는 것처럼 정말 뼈저리게 아파요. 모든 가정이 다 행복한 것만은 아니예요."

축하해야 할 특별한 날에 나는 우울해져요

아주 중요한 의미를 가지는 행사들이 교대 시간을 보내고 있는 아이들에게는 특히 더 힘든 날이 된다.

사랑하는 사람이 아주 떠나간 건 아니지만, 이미 이

혼한 후에 만나는 부모님이 몇 시간 동안 같은 장소에서 어떻게 함께 있을 수 있을까?

헤어진 부모가 자녀의 입교를 축하해 주기 위해 각자 자기의 새로운 배우자와 교회에 와서는 서로 으르렁거린다면 이 의례가 아이들에게 무슨 기쁨이 되겠는가?

> "부모님이 이혼하시기 전까지 나는 휴일이 오기만을 손꼽아 기다렸어요. 그러나 지금 우리는 더 이상 이전의 즐거움을 가지고 만나지 못해요. 내가 비록 교회에서 웃고 기도하고 찬양하며 교회생활을 하지만, 나는 여전히 함께하지 못하는 사랑하는 부모님에 대해서 생각하고 있다는 것을 설교하시는 모든 목사님이 제발 알아주시면 좋겠어요."

애도기간에는 더 우울해져요

"아빠의 첫 번째 부인(우리 엄마가 아니라)이 누나를 위해서 여기에 오실까? 아빠의 세 번째 부인인 우리 엄마는 나를 위해서 이곳에 오실까? 형(아빠의 두 번째 결혼에서 태어난)의 갑작스런 죽음은 우리 모두에게 충격으로 다가왔어요.

형은 운전면허증이 나오기까지 기다리지 못하고, 운전을 처음 시작하기에는 그리 좋은 때가 아닌 겨울에 핸들을 잡았어요. 형이 그의 새 차에서 기어를 넣고자 애쓰고 있었는데, 트럭 운전수가 그만 미처 그를 보지 못했어요. 단지 기어를 바꾸면 되었는데! 바로 이 순간, 우리는 함께 있다가 갑자기 이별하게 되었어요.

나는 아빠가 돌아가시면 이런 기분일까 하는 생각조차 하고 싶지 않아요. 우리에 대해서 걱정하실 때 이런 우리의 복잡한 가족관계를 염두에 두지 않으실래요?"

교회에서 편안하게 느끼게 해 주세요

"매주 다른 주말을 보내는 것이 얼마나 힘들고 어려운지 아세요. 저는 코셔(Kosher, 먹기에 합당한 것으로 결정된 유대인의 음식-역주)를 계속 집에서 보관할 수 없어요. 왜냐하면 우리 엄마는 아빠가 유대교 광신자라고 생각하시거든요.

랍비님, 제가 겪고 있는 이러한 갈등을 이해하시나요? 제가 혹시 예배에 참석하지 않아도 저의 선택이 아니라 엄마 때문이라는 것을 기억해 주세요. 비록 제가 자주 못 나간다 하더라도 공동체에 속해 있다는 것을 느낄 수 있도록 도와주세요. 이곳에 있는 모든 사람이 너무 친절하고 사랑이 많아요. 그들은 제 이름을 알지요. 이 신앙공동체 안에서 저는 저 자신을 진정으로 느낀답니다."

힘겨운 교대 시간을 보내고 있는 저를 도와 줄 성경구절이나 기도문이 있나요?

"제 친구는 어린 시절부터 지금까지 아주 아팠어요. 메리는 암을 치료하기 위해서 성주디어린이리서치병원에 다녀요. 메리는 병원을 자주 들락날락해요. 그런데 메리의 신부님이 메리에게 좋은 글과 기도문이 들어있는 한 권의 책을 주셨어요. 내가 교대 시간, 기다림, 희망, 소원, 회피, 방황 등을 잘 다룰 수 있도록 도와주시겠어요?"

우리 자녀들이 교대 시간을 앞으로 오랫동안 가질 때 도움이 될 만한 기도문이나 성경구절을 목사님을 비롯한 신앙 리더들에게 요청하라.

여호와께서 너의 출입을 지금부터 영원까지 지키시리로다
– 시편 121:8

제7장
되돌아보는 교대 시간

안녕! 엄마,

(이 편지 복사해서 아빠한테도 보낼거예요.)

나의 어린 시절 교대 시간이 마침내 끝났어요. 12년 동안 그 생활을 한 것 같아요. 이번 가을에 보스턴에 있는 대학으로 진학할 예정이에요, 내가 아빠나 엄마 중 누구를 더 좋아하는지로 두 분의 질투심을 유발하지 않을 거예요.

지난 번에 엄마와 같이 있으라고 제가 아끼는 애완견 엘리야를 두고 왔구요, 여름이 되면 엄마가 있는 샌프란시스코를 방문할게요. 엄마와 린과 함께 있는 시간은 너무 좋아요. 샌프란시스코와 엄마의 똑똑한 친구분들도 좋아요. 제가 진학할 대학교는 세계 여러 나라에서 온 사람들을 만날 수 있는 너무나 좋고 놀라운 곳이에요.

저는 12년 동안 두 개의 서로 다른 행성에서 살아왔었던 것 같아요. 엄마와의 생활은 아빠하고는 너무나 달랐어요. 켄터키의 푸르고 푸른 언덕, 말, 그리고 헛간 등은 참 아름다워요. 아빠와 난 단둘이 살기에 시골집은 너무 넓고 조용해요.

학교 친구 대부분은 엄마와 린, 아이들, 그리고 내가 크리스마스때 유럽에 간다거나, 부활절에 바하마로 여행가는 것을 이해하지 못할거예요. 친구들은 여행에서 돌아왔을 때의 저의 옷차림이 이상하다고 생각해요. 저는 친구들에게 아빠와 엄마의 두 세계에서 각각 살아가는 것을 절대로 설명할 수 없었어요. 아마도 슈퍼맨만이 이해할 수 있을 거예요.

엄마 (그리고 아빠) 저를 용서하세요. 하지만 제 아이들은 (만약 갖게 된다면) 두 세계를 계속 오가야만 하는 교대 시간을 겪지 않도록 기도한답니다. 항상 아빠와 엄마 그리고 계신 그곳이 그리워서 외로웠어요.

엄마 아빠, 두 분 모두를 방문할 것이지만, 방문한 날, 시간이나 분 등을 기록하지는 말아주세요. 두 분 다 이제는 제 삶을 영원히 책임지지 않으셔도 되요. 두 분을 공평하게 대하도록 최선을 다할게요.

사랑으로,
P

삶은 늘 변하기 마련이다

부모가 되던 날을 기억하고 있는가?

그날은 아마도 우리 기억에 아주 선명하게 각인되어 있을 것이다. 이미 잘 알고 있듯이 우리 삶은 아이가 태어남으로 인해 완전히 바뀐다. 아빠와 엄마가 되는 것이다. 부모가 되었다는 사실은 그 어떤 것으로도 바꾸지 못한다.

이 순간부터 삶은 우리 자신뿐만 아니라 아이들을 통해서 만들어져 간다. 부모가 되었다는 것은 크고 작은 변화들로 인해 삶이 바뀐다는 것을 의미한다. 예를 들면, 살아가는 공간에서부터 애기 카씨트가 놓인 차, 취침과 음식 패턴, 그리고 돈과 시간 사용에 이르기까지 모든 것이 바뀐다. 삶 자체가 바뀌는 것이다!

우리가 부모가 되는 것과 유사한 방법으로, 우리 아이들의 삶이 부모의 이혼이나 별거에 따라서 바뀐다. 그들의 삶이 완전히 달라지는 것이다. 날마다 반복하던 일상적인 것들이 익숙하지 않은 것들로 변한다. 그들은 더이상 한 곳에 같이 살지 않고 두 곳에서 따로따로 살고 있는 부모를 가진 아이들이다. 자녀들을 돌보아야 하는 사람들로서 아이들의 삶이 가능한 행복하고 스트레스를 덜 받도록 돕는 것은 바로 부모가 해야 할 일이다.

부모와 교대 시간을 보내고 있는 자녀들은 서로가 다른 생각을 가지고 있다

아이들이 필요로 하는 것이나 원하는 것을 모두 다 해 주기는 어려울지 모르지만, 다음과 사실들에 대해서 한번 생각해 보자.

아이들은 부모 둘 다 사랑하고 있다

아이들은 자신을 사랑해 주고 헌신적으로 보호해 주는 부모 두 사람 다 원하고 있으며 필요로 한다. 우리가 배우자에 대해 아무리 나쁜 생각을 갖고 있다 하더라도, 그들이 자녀들에게 아무리 나쁜 부모라 할지라도, 아이들은 단지 한 부모로부터의 돌봄을 원하지 않으며 부모가 변하기만을 바란다. 자녀들은 부모의 별거가 사실임을 인정하기를 거부하며, 부모가 함께 다시 돌아올 수만 있다면 아파도 좋고, 그 어떤 어려움도 감수할 수 있으며, 그 어떤 착한 일도 다 할 수 있을 것이다.

아이들은 부모가 그들에게 줄 수 있는 힘이나 사랑이 부족할 때일수록 더욱 더 부모를 필요로 한다

 부모가 아픔으로 가득 차고, 슬프고, 혼란스럽고 혹은 화가 나 있을 때에라도 아이들은 좀 더 많은 사랑과 포옹 그리고 인정을 필요로 한다. 아마도 부모는 이혼이나 별거로 인해서 자신의 삶을 다시 시작하는 데 필요한 것들을 처리하느라 녹초가 되어 있을지도 모른다.

 그러나 부모가 그들 자신의 아픔과 고통에 더 집중해야 할 필요가 있다고 하더라도, 아이들은 자신에게 좀 더 관심을 가져주기를 원한다. 어쩌면 아이들은 부모의 행복을 너무 염려하고 있기 때문에 자신의 불행과 아픔을 숨길지도 모른다. 아이들이 우리에게 말하든지 안 하든지, 그들은 좀 더 많은 돌봄과 위안이 필요하다는 사실을 기억하면 좋겠다.

 아이들 한 명 한 명과 함께 시간을 보내라. 함께 식탁에서 식사를 하거나 자기 전에 침대에서 동화책을 읽어주는 것과 같이 아주 간단한 일일 수 있다. 아이들을 포옹하거나 그들의 어깨를 꼭 안아줌으로써 우리가 그들을 사랑하고 있다는 것을 표현해야 한다.

부모와 아이들이 원하는 것은 정반대일 수 있다

부모는 이혼 후 이전의 배우자와 함께했던 기억들을 지워버리고 새로운 삶을 시작하기 위해 애쓰는 한편, 아이들은 부모의 이혼에도 불구하고 전과 별 다름없는 생활을 유지하고자 한다.

부모는 이혼한 배우자와 거리를 두고 싶어하는 반면에, 아이들은 가깝게 있기를 원한다. 부모는 서로 그다지 자주 접촉하고 싶어하지 않지만, 아이들은 아빠와 엄마 모두와 가능한 한 자주 만나기를 원한다. 부모는 이혼한 배우자와 연관된 모든 사진이나 물건을 버리려고 한다. 그러나 사진들이나 그 외에 물건들은 아이들에게 멀리 떨어져 있는 다른 한쪽 부모를 보고 싶어 할 때 필요한 것이다. 부모 중 한쪽이 없다는 사실은 아이들에게는 커다란 변화이다. 비록 헤어져 있는 시간이 그리 길지 않더라도, 아이들은 부모가 다시 이전처럼 돌아왔으면 하고 기대한다.

부모는 성인이기 때문에 삶에 닥치는 변화에 어떻게 대응해야 하는지 알고 있다

 학교를 졸업한 후 집을 떠난다거나, 몸의 성장, 혹은 무언가 혹은 누군가에 의해 사랑하는 가정이 바뀌는 등의 변화에 어른들은 비교적 쉽게 적응한다. 반면에, 아이들은 어른처럼 그렇게 쉽게 빨리 변화에 적응하지 못한다. 그것은 아이들에게 세 발 달린 자전거를 타기도 전에 차를 운전하라고 요구하는 것과도 같다고 할 수 있다.

 아이들에게는 부모 때문에 이미 발생한 변화들에 잘 대처하기 전에 성장해야 할 시간이 필요하다. 그들의 마음과 몸은 아직도 자라고 있는 중이다. 그들은 자신의 삶 속에서 경험하는 새롭고 다른 것들에 대응할 수 있는 이해도나 적절한 언어 기술을 가지고 있지 못할 수도 있다는 사실을 부모는 염두에 두어야 한다.

이혼은 동사(verb)이다

　부모는 부모가 된 그날뿐 아니라, 양육과 관련된 다른 중요한 일들을 많이 기억하고 있을 것이다. 부모가 된다는 것은 부모 역할을 하는 것을 뜻한다. 부모 역할을 감당하는 것은 계속적인 배움과 실천을 필요로 하는 평생에 걸쳐 진행되는 과정이라 할 수 있다.

　이혼이나 별거를 한 부모를 둔 자녀의 경우, 부모가 이혼을 했든 별거를 했든 상관없이 유사한 경험을 하게 된다. 부모는 이혼이나 별거를 한 날 이사해서 이전과 다른 부가적인 일들을 해야 하는 새로운 가정을 만든다. 그러면서 부모는 종종 새로운 상대를 찾는다. 그러다가 어느 정도 시간이 흐르면 보편적인 "새로운 일상"을 살아간다.

　반면에, 남남이 된 부모가 살아있고 그들이 자녀들과 계속 관계를 맺고 있는 한, 아이들은 부모 사이를 왔다 갔다 해야 한다. 이런 의미에서 부모 사이를 왔다 갔다 하기 위해 여행 가방을 든 아이에게 부모의 이혼은 동사이다.

동사로서 이혼은 부부간의 결혼생활을 끝내기 위한 법적인 절차를 밟고 있는 것을 뜻한다. 반면에, 아이들에게는 부모의 이혼은 부모에게 필요한 한 장의 법원 발행 이혼허가서 또는 부모 중 한 명이 "나는 이제 영원히 이곳을 떠날 거란다"라고 말할 수 있는 날을 뜻하지 않는다. 이혼을 위해서 부모가 분주히 움직이는 것은 아이들에게는 더 이상 한 곳에 살지 않는 두 부모와 계속 관계를 유지하기 위해서 교대 시간을 가져야 한다는 것을 의미할 뿐이다.

이혼은 부모나 자녀가 살아가면서 겪는 스트레스 가운데 매우 높은 순위를 차지한다. 사실 우리에게 꼭 필요한 것이나 좋은 결과를 주는 일들일지라도 어느 정도의 스트레스를 주며 그것에 적응하는 데 시간이 필요하기 마련이다.

자녀들이 부모의 이혼이라는 새로운 삶의 형태에 잘 대응하도록 하기 위해 부모는 어떻게 도울 수 있는가?

아마도 마음을 다하여 진심으로 아이들의 이야기에 귀를 기울여 주는 것으로 시작할 수 있을 것이다. 혹은 잠시 아이들의 입장에 처해 보는 것도 좋을 것이다. 이러한 노력을 부지런히 한다면, 우리는 아이들을 돌보며 그들에게 필요한 사랑을 제공할 수 있을 것이다.

교대 시간 다시 돌아보기

부모로서 이 책을 읽고 자녀들의 입장에서 그들의 삶을 생각해 보면 충분히 아이들을 도와줄 수 있으리라 믿는다. 이 책은 이혼이나 별거를 하고 있는 부모를 가진 아이들이 겪는 경험의 일부를 집중적으로 조명했으며 교대 시간을 보내고 있는 아이들의 스트레스를 덜어줄 수 있는 몇 가지 방법들을 제안하고 있다.

제1장 "교대 시간"에서는 두 부모 사이에 낀 채 살아가는 삶 속에서 아이들이 상실하고 있는 것들과 그러한 삶의 결과에 대해서 심도 있게 다루었다. "교대"라는 말은 상실과 변화 그리고 계속해서 부모 사이를 왔다 갔다 해야 하는 경험을 나타내는 단어이다. 이 장은 삶의 한 방식으로서 부모 사이를 여행하는 아이들의 슬픔과 비통, 죄책감과 상실 등에 대해서 주의 깊게 살펴보았다.

제2장 "기다리고 바라던 시간"은 두 개의 가정으로 나뉘어진 아이들이 삶 속에서 겪는 '기다림'에 대해서 묘사하고 있다. 아이들은 한 가정에 속해 있는 동안, 다른 가정으로부터는 떨어져 있는 것이다. 그들은 떠남과 기다림, 그리고 다른 부모의 집을 향하여 움직여야 하는 시간이 되면 항상 그곳으로 되돌아가야 되는 역할에 적응해야 한다. 이 장은 자신이 속해 있지 못하는 다른 부모와 장소에 대해서 항상 그리워하고 외로워하는 아이들의 감정에 대해 강조하고 있다.

제3장 "간절히 바라지만 오지 않는 시간"에서는 아이들은 '희망'을 고대하고 있다는 사실을 독자들에게 다시 한 번 알려주고자 했다. 희망이란 단어는 상황이 달라지기를 바라고, 이러한 그들의 마음 깊은 곳으로부터 올라오는 희망이 이루어졌으면 하며, 너무 마음 아픈 현실이 제발 좀 달라졌으면 하는 바람을 품고 있는 자녀들의 가슴을 묘사한다.

이 장은 더 이상 함께 살지 않는 부모를 가진 많은 아이의 삶 중심에 놓여있는 두 가지 핵심 이슈에 대해서 말하고 있다. 즉 떠나가버린 부모와 이혼으로부터 회복하지 못하고 있는 부모이다. 아빠와 엄마 둘 다 아들과 딸이 건강하게 성장하는 데 중요한 역할을 한다. 이런 이유로 자녀는 곁에 없는 부모 중 한쪽을 그리워하는 것이다.

만일 이 책을 읽고 있는 독자가 자녀의 다른 쪽 부모, 즉 남편 혹은 아내와 헤어진 것에 대해서 회복하지 못하고 있다면, 당신을 도울 수 있는 누군가가 필요한 시점이다. "짝 없는 부모의 모임"(Parents Without Partners)은 이혼 혹은 별거를 한 사람들과 그들의 분주한 삶을 이해하는 사람들이 모인 단체이다. 이 시기는 그저 다시 기운을 내서 혼자 이겨보려고 애쓰는 그런 시간이 아니다.

삶 가운데서 만난 중요한 과도기를 잘 통과할 수 있도록 도와줄 수 있는 이혼회복그룹이나 상담가나 종교 리더를 만남으로써 어려움에 빠진 당신의 자녀들을 도울 수 있을 것이다. 즉 당신 자신의 회복을 위해 노력함으로써 자녀들을 더 효과적으로 돌볼 수 있게 되는 것이다. 아이들은 항상 울거나 방에서 잠만 자거나 다른 많은 데이트 상대를 집으로 데려오거나 술에 잔뜩 취해 고주망태가 되곤 하는 부모를 돌보는 데 너무 힘들어하고 있음을 부모는 기억할 필요가 있다.

제4장 "오지 말았으면 하는 시간들"은 너무 힘들거나 슬픔을 가져다 주는 행사가 오는 것에 대해 두려워하는 아이들의 '바람'을 묘사했다. 이 장은 분리된 삶을 살아가는 아이들에게 찾아오는 방해물들과 그러한 행사가 있는 날이나 한 주 때문에 즐겁고 유쾌한 기분이 끝나지 않기를 얼마나 바라고 있는지에 대해서 이야기했다. 또한 자기가 머물러야 할 엄마나 아빠의 새 집이 늘 같았으면 하는 아이들의 소망을 탐구하였다.

이외에도 아이들에게 중요한 두 개의 중심 이슈인 골칫거리 부모 그리고 불편한 사람들과 함께해야 하는 휴일에 대해서도 언급하였다.

부모가 주의해야 할 것은 새로 사귄 파트너와 관련된 하나 혹은 여러 가지의 중요한 정신 건강에 관련한 문제(육체적 혹은 성적 학대, 마약 중독, 우울증, 폭력 등)들이 있다고 자녀나 다른 사람들이 언급한다면, 그때는 즉시 자녀의 안전을 위해 주위 상황을 평가해야만 한다는 것이다.

만일 아이들의 몸에 상처가 있다거나, 하의에 피가 묻어 있거나, 앉는 데 어려움을 느끼거나 요도 감염증이 발견되고, 잠자리에 무서운 괴물이 자기를 방문하는 얘기를 별안간 한다거나, 과도한 성적인 행동을 하거나, 부모가 떠나는 것에 두려움을 느끼는 등의 행동을 보이면, 반드시 아이의 그러한 행동에 대해서 빠른 대응을 해야 한다.

대응조치 중에는 당신이 염려하는 것과 자녀가 말한 사항에 대해서 전문가와 함께 논의하는 것을 포함한다. 심리학자나 목회상담가나 어린이 심리치료사들과 이야기하라. 아이를 위해서 무엇을 해야 할지에 대해서 가정폭력이나 성폭행 그리고 성학대 센터 등에 전화하라. 그들은 당신을 직접 도와줄 수 있을 것이다. 만일 아이가 즉시 긴급한 위험에 처해 있다면, 항상 911에 전화해야 한다.

휴일은 부모에게는 단지 평상시와 다를 바 없는 또 다른 하루일 수 있겠지만, 아이들에게는 (TV나 영화의 영향으로 인해) 뭔가 커다란 것을 기대하는 날이다. 만일 부모가 휴일이 오기 전에 미리 시간을 내어 계획을 짜서 아이에게 아빠나 엄마 집에서 특별한 날을 위해 무엇을 할 것인지, 그리고 언제 파트너가 올 것인지를 말한다면, 아이는 특별히 자신이 부모로부터 사랑받고 있다고 느낄 것이다. 아이는 행복하게 사는 부모와 함께 있는 것을 가치 있게 여기는 반면에, 이혼한 아빠나 엄마가 휴일에 혼자 외롭게 있는 것을 보면 가슴 아파한다.

제5장 "피하고 싶은 시간"은 교대 시간을 보내고 있는 아이들이 이전에 아팠던 경험을 다시 하고 싶지 않기 때문에 어떻게 해서든 '피하고' 싶어 하는 행동들을 다루어 보았다. 이것은 결혼이나 아이를 갖는 것과 같이 삶에 있어서 매우 중요하지만 피하고 싶어 하는 일들이다. 이러한 일들은 이해가 크게 상반되는 양면성을 가지며 골몰하게 생각해야 하는 것들이다.

제6장 "하나님과 함께 보내는 시간"은 교대 시간을 보내고 있는 아이들이 하나님께 '궁금한' 것에 대해서 직접 물어보는 질문들을 다루었다. 다른 어른들이 관심을 가져주는 것뿐 아니라, 특히 아이들이 가지는 익숙한 종교의례에 대한 경외감과 편안함이 아이들이 신앙공동체에 가고자 하는 이유가 된다.

이 장은 아이들이 하나님에 대한 부모 이미지와 자기의 부모를 어떻게 동일시하는지에 관하여 중점적으로 다루었으며, 아이들에게 미치는 종교 공동체의 중요성을 심도 있게 묘사했다. 특히, 아이들이 중요한 종교적인 의례가 있을 때 아빠나 혹은 엄마를 방문해야 하기 때문에 종교 공동체와 함께하지 못하는 점을 고려할 때, 이러한 아이들이 영적으로 성장해야 할 필요성을 어떻게 채워줄 것인지도 이 장에서는 관심을 가지며 전개해 나갔다.

본 장 "되돌아보는 교대 시간"과 다음 장인 "아이들을 돕는 길"은 앞 장에서 자세하게 언급한 교대 시간을 보내고 있는 아이들을 다시 한 번 돌아보고 아이들의 삶을 보다 풍요롭게 할 수 있는 보다 효과적인 방법들을 제시하였다.

또 다시 가고 떠나야 할 시간

앞으로 몇 년 동안 아빠와 엄마를 각각 방문해야 하는 아이가 겪게 되는 스트레스를 줄이려면 어떻게 해야 할까?

아이의 자존감을 높일 뿐더러 안정감, 신뢰성, 타인

과 함께하며 사랑하는 능력 등을 키우기 위해서 무엇을 해야 하나?

아마도 다음에 나오는 제안들이 위의 질문들에 대한 해답을 찾는 첫 걸음이 될 수 있을 것이다. 또한 아이들은 여기에다 자기 자신의 제안을 추가할 수 있다. 그것이 무엇인지 아이들이 말하도록 하자.

양육 계획을 세우고 그것을 아이들이 성장함에 따라 혹은 그들의 삶 가운데에서 벌어지는 일에 따라 맞추어 가라

양육 계획은 말 그대로 이혼한 두 부부가 아이를 어떻게 키울 것인지를 결정하는 데 도움을 주기 위한 프로그램이다. 양육 계획은 오로지 아이들에게 가장 유익한 것이 무엇인지에 초점을 맞춘다. 이 계획은 아주 세밀한 부분까지도 포함되어 있다. 예를 들면, 아이가 각각의 부모와 만나는 날(휴일, 생일 등을 포함), 보험, 경제적인 후원, 교육, 종교 교육 등이 있다. 이러한 계획은 교대 시간을 함께 보내면서 부모나 아이에게서 발생할 수도 있는 일상적인 갈등을 줄이는 데 큰 도움이 된다. 테네시, 알래스카, 아리조나와 그 밖의 몇몇 주는 훌륭한 양육 계획 모델들을 가지고 있다. 몇 주의 양육 계획을 찾아볼 수 있는 웹주소를 소개한다.

- 알래스카 주:
  http://www.state.ak.us/courts/parenting.htm
- 아리조나 주:
  http://www.supreme.state.az.us/dr/Text/ModelPTPlans.htm
- 테네시 주:
  http://www.tsc.state.tn.us/geninfo/programs/Parenting/Parenting.htm

만일 가능하다면, 특히 아이가 십대라면, 그들과 건강에 대한 문제를 이야기할 수 있고 아이의 교육을 위해 함께할 수 있는 모든 커뮤니케이션 통로를 열어놓는 것이 좋다. 이러한 논의를 하는 데 의붓부모도 함께할 수 있을 것이다. 협력하는 사랑의 모습을 보여주는 것이 아이에게는 최선이다.

아이들과 만나기로 한 약속 날짜와 시간을 지키라

아이에게 약속한 것을 지킴으로써 아이가 의지할 수 있는 부모가 되라. 때때로 아이를 위하여 생각하지 않았던 운전을 더 할 필요가 있을 것이다. 아이가 성장함에 따라서 만나는 시간을 바꾸어야 할지도 모르고 또 그러한 일이 더 자주 일어날지도 모른다. 아이의 의견을 듣고 응답하는 데 부모의 마음이 열려 있어야 한다.

운전의 부담감을 전(前) 배우자와 함께 나누길 바란다. 가능한 한 정각에 도착하고, 그럴 수 없게 되면 아이에게 전화하라. 늘 통화가 가능하도록 휴대폰을 충분히 충전시켜 놓아라. 만일 이와 같이 한다면, 아이는 엄마나 아빠를 훨씬 더 신뢰할 것이고 편안함을 가질 것이다. 아이가 올 시간에 당신이 픽업할 수 없다면, 이 사실을 미리 전(前) 배우자와 아이에게 알려라. 부모가 새로 사귀고 있는 사람이 픽업할 경우, 아이는 당황스러워하며 당혹함과 갈등을 가질지도 모른다. 또한 아이를 만나면 할 수 있는 한 최대한도로 따뜻하게 그를 환영하라. 그동안 어떻게 지냈는지 물어보는 세심한 배려를 잊지 말라.

교대 시간을 보내고 있는 아이에게
당신과 이미 헤어진 배우자 사이의 메신저나 중재자 역할을
맡기지 않도록 노력하라

우리는 소식을 전달하는 사람에게 화를 내고자 하는 경향이 매우 강하다. 부모는 서로 이해하고 있을지도 모른다. 그러나 부모가 하는 행동이나 말이 가질 수 있는 모든 의미를 아이가 다 이해하고 있는 것은 아니다. 이미 헤어진 부부 사이의 갈등에 아이를 연관시키거나 상대방과의 싸움을 아이에게 분출시키지 말라. 대신에 상대방에게 직접 말을 하거나, 변호사 사무실이나 중재 연합회를 통해서 전문적인 중재자를 고용하여 당신을 도와 상대방과 대화하도록 하라.

**교대 시간이나 아이를 데리고 집으로 가는 시간에
전 배우자에게 무슨 일이 일어나고 있었는지에 대해서 꼬치
꼬치 캐묻거나 그 혹은 그녀를 욕하지 말라**

아이들은 아빠나 엄마가 새로운 배우자를 찾는 데 얼마나 관심이 있는지, 그들이 돈을 어떻게 쓰는지, 규칙적으로 생활하고 있는지, 혹은 집을 잘 청소하는지에 대해서 이런저런 말을 하고 싶어 하지 않는다. 그저 아이들이 나누고 싶은 말을 들으면서, 그들의 안전에 대해서 염려가 될 때에 한해서 전 배우자에 대해서 물어보는 자세가 매우 중요하다.

**아이가 부모를 방문할 때 아이의 방이 있어야 하며
소지품을 놓을 수 있는 장소가 있어야 한다**

누구도 자기의 비밀이 전혀 지켜지지 않고 있다는 느낌을 받고 싶어하지 않으며, 특히 십대 청소년들의 경우에는 더욱 더 그렇다. 아이들에게 부모와 있을 때 어떻게 하면 마음이 편할 수 있는지 물어보라. 아이가 당신

의 집을 떠나는 시간이 되면 물건을 챙기는 것을 도와주어라. 그렇게 하면 아이들이 책이나, DVD 플레이어 혹은 스포츠용품 등을 당신의 집에 놓고 감으로써 발생하는 불필요한 스트레스를 겪지 않을 수 있게 된다.

아이들과 함께 있을 때 부모 역할에 충실하라

교대 시간을 가지고 살아가는 아이들의 옷은 두 가정에서 다 깨끗이 세탁되어야 한다. 아빠나 엄마의 집에서 아이들은 식사나 취침 시간이 불규칙적이고 매우 다를 수 있는데, 이러한 현상은 배가 고프기 때문일 수 있다. 이에 잘 대처하지 않으면 아이를 너무 피곤하고 까다로운 성격으로 만들 수 있다.

비록 당신이 부인 혹은 남편과 이혼했다 하더라도 만일 아이들과 같은 도시에 살고 있다면, 그들을 학교나 운동클럽, 음악 레슨 혹은 일반병원이나 치과의사와의 약속 등에 데리고 가라. 좋은 부모가 되는 것은 바로 아이들을 위한 이러한 일들에 관심을 가지는 것이다.

어떤 기술을 배운다거나 숙제를 하는 것 등의 일들

역시 교대 시간을 양쪽 부모와 각각 가질 때 이루어져야 한다. 아이들의 가방에 깨끗이 세탁한 옷들이 가지런히 담겨 있으며 숙제를 다 끝내는 것 등을 포함해서 아빠나 엄마 집에서 잘 먹고 푹 쉴수록 교대 시간은 훨씬 더 자연스럽게 지나간다.

**아이들에게 당신과 당신의 전 배우자 중 누구를
더 좋아하는지를 결정하도록 강요하지 말라
그들이 의붓부모에 대한 애정도 가질 수 있도록 하라**

만일 이혼 후에 아직도 상대방에게 버림받았다는 감정을 느끼면 느낄수록, 아이들을 차지하고 싶은 갈망이 강할지도 모른다. 그러나 만일 당신이 승자라고 하더라도, 아이들은 패자일 수 있다. 왜냐하면 아이들은 양쪽 부모 모두와 사랑을 주고 받을 필요가 있기 때문이다.

만일에 아이들이 다른 한쪽 부모를 사랑하거나 그리워하는 마음이 다른 한쪽 부모를 배신하는 것이라는 부담스런 느낌을 받기 시작하면 아이들은 앞으로의 삶에서 부정적인 영향을 받게 된다. 그들은 엄마와 아빠의 아이들이다. 아이들에게 헌신적이고 사랑을 준다고 해서 아이들에게 사랑을 강요할 수는 없는 것이다.

> 당신이 그들을 얼마나 사랑하는지 보여주는 기회로
> 교대 시간을 사용하라
> 아이들의 말에 귀 기울이면, 아이들도 그러할 것이다

당신의 아들과 딸은 잘 지내고 있는가?

부모 중 다른 한쪽과 지내는 동안 무슨 일이 있었는지 알기 위해서 그들이 하는 말을 주의 깊게 잘 듣고 신체언어를 지켜보는 것은 중요하다. 비록 아이들에게 부모의 이혼이나 별거에 대해서 이야기하고 싶은 충동이 일어날지라도, 계속해서 질문을 던지는 것이 아이들의 마음을 열게 해 주지는 않는다는 사실을 기억하라.

부모로서 해야 할 가장 중요한 일은 아이들의 관심사와 그들이 염려하는 것이 무엇인지에 귀를 기울이는 것이다. 그들의 이야기를 듣고 싶고 들을 수 있다는 것을

아이들로 하여금 확실하게 느끼도록 하며, 슬픔과 비통은 물론 스트레스와 분노를 발산하고 싶어 할 때에는 자신의 모든 감정을 표현할 수 있도록 하라.

"예" 혹은 "아니오"라는 단지 두 개의 답만 할 수 있는 질문보다는 아이들이 자유롭게 대답할 수 있는 개방형 질문을 던지는 등, 좀 더 인내심을 가질 필요가 있을 것이다. 만일 아이들에게 엄마 혹은 아빠와 함께 있을 때 즐거운 시간을 보냈느냐고 묻는다면, 오직 "예" 혹은 "아니요"라는 대답만을 들을 것이다. 그러나 만일, "엄마와 함께 있을 때 가장 좋았던 일들 가운데 무엇이 있었는지 말해 줄 수 있겠니?"라고 물으면 아이들은 그동안 즐겼던 일에 대해서 당신과 나누도록 초청받고 있다는 기분을 받게 될 것이다.

교대 시간은 수년 동안 지속될 수 있다. 따라서 교대 시간을 보내고 있는 아이에게, "아빠, 엄마 집 두 군데서 살아야 하고 엄마 아빠 사이를 왔다 갔다 해야 하는 힘겨운 일을 겪는 너의 짐을 좀 덜어주고 싶은데 내가 어떻게 하면 좋겠니?"라고 일정한 간격을 두고 규칙적으로 물어보는 것이 중요하다. 아이에게 힘들고 고통스러운 상황들을 변화시키는 데 부모가 할 수 있는 일을 아이와 함께하도록 준비되어 있어야 한다.

아이가 너무 어려서, 혹은 나이가 좀 들었다 해도 마땅히 해야 할 말을 몰라서 자기가 느끼거나 원하고 있는 것을 말하지 못할지도 모른다. 그럴 경우, 당신은 아이들 각자가 사용하고 있는 신체언어들을 주목할 필요가 있다. 신체언어는 아이가 어떻게 부모를 존경하는지 아닌지를 보여준다. 또한 아이가 보여주는 신체언어는 부모가 아이를 자주 껴안거나 입맞춤을 한다면, 그러한 행위를 부모가 계속 해도 되는지, 아니면 아이가 그러한 행동을 거부하기 때문에 그만 두어야 하는지를 알려주는 척도가 될 수 있다.

아이에게 에너지가 넘치거나 분주한가, 아니면 평소보다 더 조용하고 기운이 없어 보이는가?

식욕은 좀 어떤가?

아이가 식사를 하지 않고 있는가, 아이들이 냉장고의 모든 음식을 다 먹어 치울 정도로 식욕이 왕성한가?

아이의 팔목이나 발목 주위에 베인 자국이나 칼 같은 도구로 깊이 긁힌 자국이 나 있는가?

어쩌면 아이들이 늘 긴 소매 옷이나 긴 치마 혹은 바지를 입음으로써 이러한 상처 자국을 숨기려 할지도 모른다.

아이가 자주 웃거나 여유 있어 보이는가, 아니면 슬프고 축 처진 듯한 모습인가?

항상 화가 나 있는 상태인가?

아이들이 서로를 어떻게 대하고 있나?

비록 아이들이 거의 말을 하지 않는다 하더라도, 시간을 내어 그들을 살펴보면, 아이들이 어떻게 지내고 있는지에 대한 단서를 우리에게 주고 있다는 것을 발견하게 될 것이다. 아이들은 저마다 각기 다르다. 그러기에 확실하게 말할 수 있는 것은 딸이나 아들에 따라서 자신이 느끼고 있는 것을 부모에게 말하는 방식이 완전히 다를 수 있다는 사실이다. 아이들 한 명 한 명이 고통과 스트레스에 어떻게 반응하는지를 아는 것은 부모에게 중요하다. 종종 그들의 대응방식이 나이가 들어감에 따라서 달라질 것이다.

모든 것이 다 잘 되어가고 있는 것은
아니라고 말하는 단서가 있다

너무 어려서 자신이 느끼고 원하는 것을 표현하지 못하는 아이들이 이젠 다 컸으니 그에 맞는 행동을 하겠지 하는 부모의 생각을 완전히 뒤집는 행동을 보여줄 때도 있다. 엄지손가락을 빨거나, 잠자리에 오줌을 싸거나, 마음을 안정시켜주는 장난감이나 담요 등을 손에서 놓지 못하는 등의 행동을 보일 것이다. 또한 초강력 풀처럼 착 달라붙어서 부모에게서 떨어지려고 하지 않거나, 방을 떠나면 소리치며 울어버리는 행동을 할 수도 있다. 아이는 아빠와 엄마 중 한 사람이 자기 곁을 떠났기 때문에 당신도 떠날 수 있다고 하는 두려움에 빠져 있는 것이다.

반면에 나이 든 아이는 눈물을 흘리며 자신의 애통함과 슬픔 그리고 부모를 얼마나 그리워했는지 표현할 것이다. 그들은 아마도 언제 아빠나 엄마가 다시 함께 하나가 될 수 있는지 혹은 자기가 부모의 이혼에 어떤 역할을 하지는 않았는지 물어볼 것이다.

아이가 자라서 다른 사람들의 감정을 이해하게 됨에 따라서, 그들은 아빠나 엄마가 말해 준 혹은 말하지 않은 대답에 대해서 어떤 반응을 취해야 할지 선택할지도 모른다. 때로는 이러한 과정은 아이가 같이 있지 못하지만 사랑했던 부모 중 한 사람을 그리워함으로써 생기는 아픔을 치유하기 위한 시도이기도 하다.

어떤 아이는 만일 같이 살지 않는 부모에 대해서 신경 쓰지 않으면 그만큼 상처를 많이 받지 않을 거라고 생각할 수도 있다. 어떤 사람은 아이가 자신 안에 있는 분노와 상처들을 표현하고 좋은 아이가 되려는 노력을 감추지 않으며 부모의 아픔이나 혼란스러움의 원인이 되지 않는 것 등을 바랄 수 있다.

시간이 지나, 십대 청소년기가 되면 아이들은 자연스럽게 그들의 부모로부터 벗어나 친구나 가정 밖에서의 활동에 마음이 쏠리기 마련이다. 그들은 마약이나 술, 난잡한 성관계, 학업이나 운동경기에서의 급격히 저하된 모습, 혹은 위법행위 등을 통하여 자신이 지금 고통받고 있다는 것을 부모에게 알리는 경우가 있다.

심지어는 아무리 아이가 모든 것을 잘 해 나가고

있다고 하더라도, 그들도 여전히 침묵 속에서 힘들어하고 있다. 그렇기 때문에 아이들이 자신의 감정에 대해서 속시원하게 털어놓을 수 있는 기회를 주어야 한다는 것을 잊지 말아야 한다.

따뜻한 애정을 가지고 감정을 이야기하며 아이의 말을 잘 들어주는 것이 도움이 된다. 어떤 사람에 대한 깊은 두려움은 그로부터 잊혀지고 혼자 남게 되는 것에 대한 감정이다. 대화는 두려움을 줄이고 신뢰관계를 쌓는 한 방법이다. 딸이나 아들이 어린아이나 십대 청소년기를 매우 성공적으로 보내고 있다고 해서 부모와 나누기 힘든 감정을 가지고 있지 않다는 것을 의미하지 않는다는 사실을 반드시 주목해야 한다. 적절한 기회가 주어지면 자신 안에 있는 감정을 말하고 싶어할 것이다.

만일 아이들이 부모가 상처받는 것을 두려워한 나머지 솔직하게 이야기할 수 없다면, 경험을 나누고 싶어하는 아이들을 위해서 학교나 종교 공동체에서 제공하는 그룹모임이 매우 큰 도움을 줄 수 있을 것이다. 만일 아이의 신체언어에 어려움이 있다거나, 성격이 바뀐다거나, 혹은 죽고 싶을 정도의 심각한 고통과 위협이 담긴

노트나 대화들이 있다면, 그때가 바로 전문가의 도움을 반드시 요청해야만 하는 시간임을 잊지 말아야 한다.

부모 자신을 돌보라. 아이뿐만 아니라 부모도 교대 시간을 보내고 있는 것이다!

부모가 잘 지내고 있다는 사실은 부모 당사자뿐만이 아니라 아이들에게도 도움이 된다. 아이의 다른 부모, 즉 전 배우자와 더 이상 함께 살지 않는 홀부모인 상황에 대해 적절한 도움을 받는 것은 매우 중요하다. 관계가 끝나버려 마음이 상했다 해서 아이들에 대한 부모로서의 임무가 막을 내리는 것은 아니다. 심지어는 비록 이혼을 먼저 주장했더라도, 관계를 청산하는 과정 속에 연루되는 온갖 생각, 감정, 그리고 가족의 변화로 인해 당사자는 엄청난 양의 에너지를 쏟아붓게 된다.

이혼했다고 해서 친구들로부터 멀어져 숨을 필요는 없다. 가족들과 함께 식사를 하라. 아이를 돌봐주는 서비스 기관들과 협력관계를 형성하라. 운동을 하고, 흥미

있는 일을 하거나, 당신의 영적 생활 또는 관심있는 주제를 추구하는 시간을 함께 보낼 그룹을 찾으라. 부모가 활발하게 이러한 일을 하는 것을 아이들이 알게 되면, 그들은 부모가 자기와 떨어져 있을 때 그저 쇼파에 앉아 누워만 있지는 않을까 걱정할 필요가 없을 것이다. 더군다나 부모가 자기와 함께 뭔가를 배우고 성장해 간다는 것을 알면 아이는 크게 격려받고 있다는 것을 느끼게 될 것이다.

왜 이리도 야단법석을 떨지요?
아이들은 강하단 말이에요!

이 책은 많은 아이에게 부모의 이혼으로부터 회복해서 다시 쾌활하게 살아갈 수 있는 능력이 있다는 것을 아예 무시해 버리지 않는다. 그것보다 이 책은 정기적으로 생활이 바뀌는 데서 오는 아이들의 스트레스, 그리고 아이들이 그저 괜찮아 보일지라도 두 가정에서 살아야 하고 아빠와 엄마 사이를 왔다 갔다 하기 위해서 필요한 에너지에 관심의 초점을 두고 있다.

또한 이 책은 아이들이 그러한 상황을 잘 이겨내지 못하고 특별한 관심이 필요할 수도 있는 가능성에 대해 부모의 주위를 환기시키려는 데 목적을 두고 있다.

축복의 기회가 될 수 있는 교대 시간

아이들을 사랑하는 부모로서 그들이 교대 시간을 보다 행복하고 평화롭게 통과할 수 있도록 할 수 있는 최선을 다 해야 한다. 아이들은 부모가 그들을 사랑하고 있다는 확인과 계속된 관심과 돌봄이 필요하다.

어떤 목사가 이렇게 물었다.

"교대 시간이 부모가 하기에 따라서 아이들에게 축복의 시간이 될 수 있지 않을까?"

부모의 사랑의 메시지나 축복을 자녀들이 듣게 하라.

"나는 너를 사랑한단다(아빠와 엄마의 이혼 혹은 별거가 이것을 바꾸지 못한단다). 네가 내 곁을 떠나 있을 때에도 나는 너를 생각할 거란다(나는 '너를 그리워할 거야'라고 말하지 않을 거란다. 왜냐하면 내 곁을 떠나는 것에 대해서 네가 죄책감을 가지기를 원하지 않기 때문이란다). 즐거운 시간을 보내기를 바란다(그래, 나는 아빠나 엄마를 향한 너의 사랑이 너나 나를 위해서 도움이 된다는 것을 알고 있단다. 미움은 삶을 움츠러들게 만든단다. 네가 늘 나를 사랑할 것이라는 것을 안단다)."

아이들이 당신을 떠나야 하는 시간이 되면, 그들의 눈을 바라보고 이렇게 말해보라.

"너를 사랑해. 네가 내 곁을 떠나 있을 때에도 나는 너를 생각할 거란다. 즐거운 시간 보내기를 바란다."

아이들이 다시 당신에게 돌아오면, 그들의 눈을 바라보고 이렇게 말해보라.

"나는 너를 사랑해. 네가 내 곁을 떠나 있을 때에도 나는 너를 생각하고 있었단다. 나는 네가 아빠(또는 엄마)와 있을 때 좋은 시간을 가지길 바랬단다."

이제 당신을 위한 축복의 메시지를 들어보라.

"당신의 아이들이 당신을 사랑합니다. 당신 곁을 떠나 있을 때에도, 아이들은 당신을 생각하고 있답니다. 당신이 아이들과 서로 사랑할 때, 아이들을 키우는 즐거움으로 당신의 모든 날이 가득 채워지기를 소망합니다."

당신은 … 존재하지 않는 것을 찾고 있어요.
바로 처음이라는 것 말입니다.
끝과 처음이라는 것은 아예 있지도 않았던 것이지요. 단지 중간만 있을 뿐입니다.

– 로버트 프로스트(Robert Frost)
"In the Home Stretch"

제8장
아이들을 돕는 길

"아빠! 엄마한테 인사 좀 하세요."

아빠는 말이 없다.

"아빠! 엄마한테 인사 좀 하세요."

더 긴 침묵이 흐른다. 아이의 아빠가 그의 전 부인의 집에 온 이유는 단지 아이들과 함께 시간을 보내기 위하여 그들을 데리러 온 것일 뿐, 그 이상도 이하도 아니다. 나는 이 소녀의 간절한 부탁을 35년 전에 우연히 들었는데, 그 후에도 소녀의 음성이 줄곧 잊히지 않았다.

"아빠! 엄마한테 인사 좀 하세요."

5살 밖에 안 된 어린 여자 아이가 아빠의 이 같은 침묵을 어떻게 이해할 수 있었겠는가?

소피아의 부모는 이혼했지만 아직도 그녀의 아빠와

엄마이며, 소피아는 부모가 서로에게 친절하기를 바라고 있다.

글쎄, 도대체 화가 난 이 남자의 전 부인이 그에게 어떤 말을 혹은 무슨 짓을 한 것일까?

아니면 그냥 이혼했기에 서먹서먹해서 그런 것일까?

이혼이 상대방을 나쁜 배우자로 만드는 것은 아니지만, 결국 이혼은 당사자의 삶에 더 많은 해야 할 일과 부담과 스트레스를 가져다 준다. 한마디로 말하면, 삶이 더욱 복잡해진 셈이다. 무거운 분위기 속에서 아이들은 엄마와 아빠 사이의 팽팽한 긴장감을 쉽게 알아챈다. 그러나 부모는 그들 사이의 긴장감을 경험하면서 사는 아이들의 마음과 삶이 얼마나 힘든지 잘 모른다.

아이들의 관점에서 보기

나보다 키가 훨씬 더 큰 동료와 함께 일한 적이 있다. 어느 날 디딤대 위에 섰을 때에야 비로소, 나는 그가 사물을 바라보는 높이에 대해서 깨닫게 되었다. 테이블 위에 놓여있는 그릇들이 더욱 작아 보였던 것이다. 그리고 냉장고 위에 쌓여있는 먼지를 보게 되었는데, 그것들은 내가 이렇게 보기 전까지는 나를 전혀 괴롭히지 않았던 것들이었다. 디딤돌 위에서 그와 이야기할 때는 항상 보이던 그의 눈 대신에 머리 위까지 다 볼 수 있었다. 바로 지금 내 눈높이가 바로 사람이나 사물들을 보았던 그의 일상적인 관점이었던 것이다! 이제 부모인 우리도 아이들처럼 작았던 때가 있었음을 기억하자.

아이들의 시각에서 부모의 이혼은 과연 어떻게 비쳐졌을까?

그 후 아이들의 삶은 어떻게 진행될까?

당신 자신과 아이들이 이혼과 별거라는 과정을 보다 쉽게 지나며 삶을 좀 더 단순하게 하기 위해서 아래에서 내가 제시한 것들을 고려할 때 잊지 말아야 할 것은 아이들의 시각으로 삶을 보려고 노력해야 된다는 것이다. 아래의 빈곳이나 공책 혹은 저널에다 각 질문에 대한 답을 한번 써 보자.

1) 교대 시간

교대(SWITCHING)는 지금은 각기 다른 장소에서 살아가고 있는 부모를 둔, 교대 시간을 보내고 있는 아이들이 겪는 스트레스를 말해주는 상실, 변화, 그리고 계속되는 전환 등의 경험들을 함축적으로 표현해 주는 말이다.

아이들의 관점에서 삶을 보기 위해서 부모 자신은 다음과 같이 결단해 볼 수 있을 것이다.

① 내가 전 배우자와 더 이상 함께 살지 않기 때문에 우리 아이들이 경험하고 있는 모든 변화 목록을 작성할 것이다.

② 아이들이 경험하고 있는 상실에 대해서 생각해 본 후에, 느낀 점을 적어 볼 것이다. 아이들이 왜, 무엇 때문에 슬퍼할까? 아이들이 무엇에 대해서 그리도 아파하나?(예를 들면, 아이들은 가족이 더 이상 하나가 아니기 때문에 슬플 것이다.)

③ 아이들이 여전히 이전처럼 변함없이 일상 생활을 유지할 수 있도록 도울 수 있는 다섯 가지 일들을 생각해 볼 것이다(예를 들면, 아이들이 전과 같은 학교에 다닐 수 있게 해 준다).

④ 아이들이 당황스러워할 때, 그들을 편안하게 해 줄 수 있는 방법을 최소한 네 가지는 알아볼 것이다(만일 당신에게 한 명 이상의 자녀가 있다면, 아이들 수대로 각기 다른 방법들을 적어보라. 만일 잘 알지 못하는 경우에는 아이들이 당신과 이야기할 수 있다면 그들에게 직접 물어보거나 전 배우자에게 도움을 구하라).

⑤ 아이들을 편안하게 해 줄 수 있는 이용 가능한 물건을 구할 수 있도록 최선을 다할 것이다(예를 들면, 만일 흔들 의자가 아이를 편안하게 해 준다면, 흔들 의자를 사거나 빌려 보라. 만일 아이들이 책 읽기를

좋아하면, 그들에게 읽어 줄 책이나 녹음 테이프를 빌리기 위하여 도서관을 방문해 보라. 만일 자녀가 2-5살이라면, 유아용 장난감이나 담요 등을 가지고 있는지 늘 확인해 볼 필요가 있다).

상실이나 슬픔 그리고 변화에 대해서 좀 더 알고 싶다면, 다음의 책들을 권하고 싶다.

- Bridges, William B. Transitions: *Making Sense of Life's Changes, Revised 25th Anniversary Edition.* Cambridge, Mass.: Da Capo Press, 2004.
- Emery, Robert E. *The Truth about Children and Divorce: Dealing with the Emotions So You and Your Children Can Thrive.* New York: Plume, 2004.
- Trozzi, Maria. *Talking with Children about Loss: Words, Strategies, and Wisdom to Help Children Cope With Death, Divorce, and Other Difficult Times.* New York: The Berkley Publishing Group, 1999.

2) 기다리고 바라던 시간

기다림(WAITING)은 교대 시간을 보내고 있는 아이들이 삶 속에서 가장 많이 하는 행동을 묘사한다. 그들의 삶은 기다림과 뭔가에 대한 간절한 기대로 가득하다.

아이들의 관점에서 삶을 보기 위해서 부모 자신은 다음과 같이 결단해 볼 수 있을 것이다.

① 아이들을 기다릴 때 나의 감정에 관심을 가질 것이다. 내 마음에 어떤 느낌들이 일어나고 있는지 살펴볼 것이다.

② 대기 가방(Waiting Bag)을 준비할 것이다. 이 가방은 아빠나 엄마가 늦게 도착하거나 집에 없을 때 아이들이 엄마 아빠를 기다리며 유용하게 할 수 있는 것들을 담는 가방이다(예를 들면, 아이들의 수학이나 스펠링 실력을 키우는 데 도움이 되는 여행용 게임들일 수 있다. 또한 필요한 것들을 잘 챙겨야 할

것이다. 배가 고프거나 지저분한 기저귀를 차고 있는 갓난 아이는 행복하다고 느끼지 않을 것이다).
- 당신의 대기 가방 안에 무엇을 넣을 것인지 목록을 작성해 보라. 작성한 그 목록들은 아이들에게 당신을 기다릴 때 사용하라고 줄 수 있는 것들인가? 당신 자신을 위해서 이 대기 가방을 만들 필요가 있는 것인가?

③ 아이들이 보고 싶을 때 잘 참을 수 있도록 도와줄 수 있는 것들에 관심을 가질 것이다. 아이들과 관계를 계속 유지할 수 있도록 내가 할 수 있는 일의 목록을 적어 본다(아이들은 나이에 따라서 다른 것들이 필요하다는 사실을 기억하라. 당신은 매일 아이들을 볼 수 있는 곳에 그들의 최근 사진을 가지고 있는가? 아이들이 다른 부모와 함께 있는 동안에 정기적으로 전화를 걸어주는가? 만일 아이들이 당신과 함께 있는 동안 다른 부모에게 전화 거는 것을 좋아하지 않는다면, 다른 부모가 아이들에게 안부 전화를 먼저 걸

도록 하면 아이들이 얼마나 좋아할지 생각해 보라).

④ 아이들이 나로부터 멀리 떨어져 있는 동안에 계속 긴밀한 관계를 유지하도록 도울 수 있는 네 개의 목록을 적어볼 것이다(예를 들면, 아이들이 최근에 당신과 함께 찍은 사진을 가지고 있기, 당신의 전 남편 혹은 아내가 미리 정해놓은 시간에 전화를 걸었을 때 확실하게 아이들과 통화할 수 있도록 하기).

- 아이들이 아빠나 엄마를 그리워할 것을 알기 때문에, 그들이 나의 전 부인이나 남편과 계속 연락을 유지하도록 도와주려면 무엇을 해야 하나?

좀 더 알기 원한다면, 다음의 책들을 권하고 싶다.

- Baris, Mitchell A., and Carla B. Barrity. *Children of Divorce: A Development Approach to Residence and Visitation.* DeKalb, Ill.: Psytec Corporation, 1988.

- Families First, *TransParenting*. http://www.familiesfirst.org, or http://www.transparenting. Com

3) 간절히 바라나 오지 않는 시간

희망(HOPING)은 부모의 상황이 뭔가 달라지고 갈망이 이루어지며 아픈 현실이 좀 달라졌으면 하고 바라는 교대 시간을 보내고 있는 아이들의 마음을 묘사한다.

아이들의 관점에서 삶을 보기 위해서 부모 자신은 다음과 같이 결단해 볼 수 있을 것이다.

① 화병예방팀(The Heartache Prevention Team, 이하 THPT)에 가입할 것이다! 남자팀이든 여자팀이던지 그 어떤 스포츠팀보다 더 중요하고 인상 깊은 팀인 THPT는 어떤 일이 주어지든지 아이들의 삶에 중요한 부분을 차지하는 존재가 되고자 헌신하는 부모들을 위한 팀이다. 다음과 같은 사항들을 앞으로 당신의 삶 속에서 계속 헌신할 것을 약속하라. 즉 나에게 그 어떤 어려움이 닥친다 하더라

도 아이들을 절대로 버리지 않을 것이다. 그리고 우리 아이들을 최우선으로 생각할 것이다.

- 당신 자신의 삶을 위하여 아이들의 삶 속에 늘 함께할 것이라는 맹세문을 써 보라.

- 다음으로, 그러한 맹세가 가능하도록 당신이 할 수 있는 일들의 목록을 적어 보라.

② 나 스스로를 보호하기 위한 조치들을 취할 것이다. 식사는 제대로 하고 있는지? 잠은 잘 자는지? 그리고 운동은 하고 있는지? 정기적으로 일을 하고 있는가?(만일, 마약이나 알코올 등에 문제가 있다면, NA나 AA와 같은 예방 단체에 가입하라. 아직도 별거나 이혼으로 인해 힘들어하고 있는가? 화가 나거나, 우울 증세가 있든지, 마비 증세 혹은 그 누구와도 관계를 끊고 혼자 지내지는 않는가? 그렇다면 주위에 있는 이혼회복그룹 등을 찾아서 가입하라. 만일 개인상담을 받고 싶지만

상담을 받을 만큼 경제적인 여유가 없다면, 당신이 다니고 있는 교회 관계자들이 할인된 가격으로 상담해 주는 상담가를 찾아줄 수도 있을 것이다.)
- 당신이 염려하고 있는 부분에 대해서 적어보라 (만일 다른 사람들이 당신이 적은 것을 보기를 원하지 않는다면, 당신만이 알아볼 수 있는 상징이나 간단한 표기를 만들어 보라).

③ 경제적인 헌신을 지속할 것이다. 나는 책임을 져야만 하는 아이들에 대한 양육비를 지불할 것이다 (혹시 양육비를 지불하는 데 어려운 점이 있다면 무엇인지 적어보라). 일정하게 그리고 늦지 않게 양육비를 지불하기 위해서 내가 해야 할 일은 무엇인가?

④ 아이들에게 공정할 것이다. 아이들은 나를 떠난 전 배우자를 떠오르게 하기 때문에, 나는 이와 관련된 언급을 하지 않거나 아이들을 억누르지 않을

것이다(아이가 어떤 식으로 전 배우자를 기억나게 만드는가? 이것을 잘 기억해 두라. 왜냐하면 아이들이 전 배우자에 대한 당신의 불쾌한 감정을 자극하기 시작할 때, 당신은 좀 더 차분히 생각할 수 있을 것이고, 아이들에게 화를 내지 않도록 할 것이기 때문이다).

⑤ 아이에 대해서 하나 하나 설명할 수 있도록 노력할 것이다. 아이들에 대해서 정말 얼마나 잘 알고 있는가?(아이와 함께 뭔가 재미있는 일을 해 본 것이 언제가 마지막이었나? 그들을 위해 물건을 산다고 해서 그것이 당신에게 즐거움을 의미하는 것은 아니다.)

좀 더 알기 원한다면, 다음의 책들을 권하고 싶다.

- Ellison, Sheila, *The Courage to Be a Single Mother: Becoming Whole Again after Divorce*. New York: harperSanFrancisco, 2000.
- Knox, David, *Divorced Dad's Survival Book: How*

to Stay Connectred with Your Kids. Reading, Mass.: Perseus Books, 2000.

4) 오지 말았으면 하는 시간들

바람(WISHING)은 교대 시간을 보내고 있는 아이들이 분명히 곧 오고야 말 시간에 대해서 곰곰이 생각하고 두려워할 때 일어나는 아이들의 내면 세계를 묘사한다.

아이들의 관점에서 삶을 보기 위해서 부모 자신은 다음과 같이 결단해 볼 수 있을 것이다.

① 즐기던 것을 이제 즐길 수 없게 될 때 어떤 감정을 느낄까에 주의를 기울일 것이다. 좋았던 시간이 끝나려 할 때 나는 무엇을 느낄까? 나에게 사랑하는 누군가를 그리워한다는 게 어떤 것일까? 아이가 나를 떠나 전 배우자의 집으로 돌아갈 때 내 안에 일어나는 반응을 적어볼 것이다(만일 당신이 지금 알 수 없다면 다음에는 당신 자신을 바라볼 수 있는 시간을 갖기를 바란다).

② 아이가 떠나고, 교대하고, 다시 방문하는 일을 하기 위해서는 에너지가 필요하고 힘든 일일지도 모른다는 데 공감할 것이다.
- 스트레스를 덜 받기 위해서 나는 아이의 떠남을 보다 편하게 받아들이기 위하여 다음의 단계를 밟을 것이다(예를 들면, 아이가 떠나는 시간이 되기 전에 짐 싸는 것을 도와줄 것이다).

- 교대 시간을 덜 힘들게 하기 위해서 이러한 일들을 할 것이다(예를 들면, 나는 정각에 아이를 마중 나갈 것이다).

- 이런 일들을 하면 앞으로 아이를 다시 만나게 되는 일이 좀 더 기분 좋게 이루어질 것이다(예를 들면, 나는 아이들이 그들의 방으로 갈 시간을 줄 것이고, 나와 함께 이야기하기 위하여 준비될 때까지 기다릴 것이다).

③ 재혼을 한다거나 다른 주로 이사를 간다거나 하는 인생의 아주 중요한 변화를 결정하기 전에 아이들과 이야기할 것이다. 내가 세운 계획을 진행하기에 앞서 아이들과 이야기할 것에 대해서 적어 놓을 것이다. 만일 그렇게 하는 것이 적절하다고 생각되면, 아이들과 계획을 나눌 것이다(이것은 아이들의 "허락을 구하는 것"이 아니라, 아이들의 삶에 매우 중요한 영향을 미칠 수 있는 변화들에 대해서 의논하는 것이다).

④ 아이들이 아빠나 엄마의 마약 남용, 폭력, 그리고 성적·신체적 학대에 대해서 말할 때 그것을 심각하게 받아들일 것이다(제4장의 서두에 나온 편지를 쓴 아이와 밤에 자기의 은밀한 부위를 만지는 누군가에 대해서 말하고 있는 아이의 이야기가 서로 연관이 있는데, 남용과 학대와 폭력은 실제적으로 벌어지고 있는 일들이다. 법에 따르면 당신을 포함

해서 아이에 대한 학대가 의심나는 경우 경위를 조사하기 위하여 관련 기관에 반드시 보고해야 한다).

⑤ 직장 스케줄이나 여행에 필요한 예약, 그리고 아이들의 학교 수업과 다른 활동들의 스케줄이 서로 조정될 수 있도록 전 남편이나 전 부인과 함께 생일, 휴일, 그리고 휴가 등의 일정에 대해서 훨씬 미리 세울 수 있도록 시간을 낼 것이다. 다음에 세워야 할 일이 무엇인가?

좀 더 알기 원한다면, 다음의 책들을 권하고 싶다.

- Ricci, Isolina. *Mom's House, Dad's House: Making Two Homes for Your Child.* New York: Simon & Schuster, 1997.
- Schneider, Meg F., and Joan Zuckerberg. *Difficult Questions Kids Ask - and Are Too Afraid to Ask - About Divorce.* New York: Fireside, 1996.

5) 피하고 싶은 시간

회피(AVOIDING)는 교대 시간을 보내고 있는 아이들이 전에 아픔을 주었던 일들을 다시 경험하지 않기 바라며 갖는 주요 관심사이다. 아이들은 일부러 이것저것 피할 수 있는 계획을 세워보며 아주 조심스럽게 고통을 피하기 위하여 적극적으로 노력한다.

아이들의 관점에서 삶을 보기 위해서 부모 자신은 다음과 같이 결단해 볼 수 있을 것이다.

① 전 배우자의 주위에 있는 것들 중 나의 신경을 가장 곤두세우게 만드는 것은 무엇일까 생각할 것이다(이혼한 부모가 자기의 결혼식장에서 서로 다투지 않게 하기 위해서 도망간 5장의 앞장에 나온 여자의 이야기를 기억하라. 아이들의 평화와 행복을 위하여 함께 모여있는 자리에서 이와 같은 감정을 나타내지 않을 준비가 되어 있는가? 당신이 그럴 준비를 할 수 있도록 도울 방법은 무엇인가?).

② 내가 여전히 전 배우자에게 말할 수 없는 이유에 대해서 생각해 본다(만일 신체적인 해를 느끼지 않는다면, 나는 상담가나 종교 지도자, 믿을 만한 사람 혹은 훈련받은 중재자를 만나 계속 내 안에 남아있는 분노, 상처 혹은 실망감 등에 대해서 이야기할 것이다. 만일 나와 전 배우자 모두 동의한다면, 나는 앞으로 우리가 만나야 되는 행사에서 어떻게 하면 지혜롭게 행동할 수 있을지 말하기 위해서 전 배우자를 제3자와의 대화에 포함시킬 것이다).

③ 전 배우자의 새로운 관계에 대해서 아이에게 말할 때 조심할 것이다. 나는 그 사람에 대해서 이러한 생각과 감정을 가지고 있다.

④ 아이들이 여전히 부모를 사랑하고 있다는 사실을 받아들일 것이다. 이 점을 고려할 때, 나는 아이들이 새로운 사람을 깊이 배려할 것임을 안다. 나는

아이들이 우리 모두를 사랑하고 있다고 믿는가?

⑤ 아이들에게 내가 그들을 사랑하고 있으며, 아이들이 그 누군가와 오랫동안 관계를 유지할 수 있고 만일 원한다면 좋은 부모가 될 수 있음을 믿는다고 확신시킬 것이다. 나는 아이들의 관계 안에 있는 누군가에 대해서 이야기할 때 조심할 것이다. 나는 긍정적인 혹은 부정적인 말을 하고 있는가?

좀 더 알기 원한다면, 다음의 책들을 권하고 싶다.

- Hetherington, E. Mavis, and John Kelly. *For Better or For Worse: Divorce Reconsidered.* New York: W.W. Norton & Company, 2002.
- Wallerstein, Judith S., Julia M. Lewis, and Sandra Blakeslee. *The Unexpected Legacy of Divorce: A 25 Year Landmark Study.* New York: Hyperion, 2000.

6) 하나님과 함께 보내는 시간

궁금함(Wondering)은 교대 시간을 보내고 있는 아이들이 거룩한 존재에게 자신의 삶에 대해서 이야기하고 질문을 던지는 것을 말한다.

아이들의 관점에서 삶을 보기 위해서 부모 자신은 다음과 같이 결단해 볼 수 있을 것이다.

① 거룩하신 분에 대한 아이들의 질문을 인내심을 가지고 들을 것이며, 거룩한 존재, 종교와 신앙공동체에 대한 나 자신의 생각과 감정을 깊이 고려할 것이다. 떠오르는 생각과 감정은 다음과 같다.

② 내가 속해 있는 신앙공동체가 이혼이나 별거의 시간을 보내고 있는 나에게 어떤 도움이나 해를 끼쳤는지 생각해 볼 것이다. 무엇이 나에게 상처가 되었는가? 무엇이 나에게 도움이 되었는가? 이러한 나의 생각들이 우리 아이들에게 어떤 영향을

미치고 있는가? 지금 읽고 있는 이 책을 신앙 리더들과 나눌 수 있는가?

③ 내게 있을지 모르는 수치심, 죄의식, 분노, 혼란, 상처 등을 인지하고, 그러한 감정을 이야기하기 위하여 종교지도자나 믿을 만한 사람을 찾을 것이다.

④ 전 부인이나 남편과 함께 아이들의 종교 교육에 대해서 상의할 것이다(아이들은 종종 믿을 만한 종교기관에서 만난 사람과 같은 다른 어른들과의 대화와 교제를 통하여 유익을 얻는 경우가 있다. 그러나 불행히도 그런 사람이 과거에 범죄 기록이 있는지의 여부와 함께 그 종교기관이 아이에게 안전한지 등을 확인하는 것은 매우 중요하다. 종교기관들은 당신의 이런 요구에 대해서 편하게 반응해야 한다. 이러한 질문들을 한 후에는 종교를 잘못 선택할까봐 너무 염려하지 않아도 된다. 아

이들은 나이가 들면서 자신이 선택한 종교에 불편함을 느끼면 거기에 잘 반응할 수 있다. 어떤 종파나 교단에 관계없이, 어린 시절에 긍정적인 신앙관을 가지는 것은 장기적으로 볼 때 유익이 된다. 『이웃의 신앙 존중하기』 (*Honoring Our Neighbor's Faith*)란 책은 다양한 종교에 대한 안내를 해 준다.)

- 위에서 말한 것을 못 하게 막는 것은 무엇인가?

⑤ 내가 비록 어떤 종교인이 되고 싶지 않더라도, 아이들이 종교적인 질문을 하는 것을 허락할 것이다. 나는 아이들의 종교 생활을 지지할 것이다.
- 이렇게 하기 위해서 나에게 필요한 것은 무엇인가? 예배에 아이들을 데려다 줄 준비가 되어 있는가? 위에서 말한 나의 헌신을 지속하기 위하여 나는 다음과 같은 것들을 할 것이다.

좀 더 알기 원한다면, 다음의 책들을 권하고 싶다.

- Farlee, Robert Buckley, editor. *Honoring Our Neighbor's Faith.* Augsburg Fortress, 1999.
- Marquardt, Elizabeth. *Between Two Worlds: The Inner Lives of Children of Divorce.* New York: Crown Publishers, 2005.

우리는 아이들을 돌보기 원한다(WE CARE)

마지막으로 독자가 아이들을 돕기 위해서 할 수 있는 것이 있다면 바로 WE CARE라는 태도와 행동으로 양육하는 것이다. 이 두 단어인 WE CARE는 아이들의 나누어진 삶을 압축적으로 보여주고 있으며 아이들이 교대 시간을 보낼 때 겪는 애로사항들에 대해서 그들과 함께 이야기를 나누는 것이다. 아이들을 돌보기 원하는 부모는 그들의 아이들로부터 기꺼이 어렵고 가슴 아픈 이야기들을 듣고자 한다. 그들은 아이들의 삶이 덜 당황스럽고 스트레스를 받지 않도록 하는 데 헌신되어 있다.

❋ Wating(기다림)

기다림은 교대 시간을 보내고 있는 아이들이 가장 많이 하는 것을 묘사한 것이다. 그들은 누군가가 자신을 데리러 오기를 기다린다. 그들은 아빠나 엄마에게 돌아갈 날을 기다린다. 그들은 부모가 잘 지내기를 기다린다. WE CARE라고 말하는 부모는 아이들이 기다리는 시간에 정각에 오고 전 배우자와 긴밀하게 협력한다.

❋ Effort(수고)

계속해서 이동해야 하는 아이들에게 수고가 요구된다. 직장일이건 즐기기 위해서건 정기적으로 여행을 해 본 적이 있는 사람들은 계속 자기 물건들을 챙겨야 하는 수고를 알고 있다. 아이들이 슬프거나 화가 나 있는 사람과 만나야 된다면 더 많은 에너지를 필요로 하게 된다. 그러한 가운데 아이들은 신체적인 변화를 경험하게 되는데, 그럴 경우 그 자체가 과외의 에너지를 필요로 한다. WE CARE라고 말하는 부모는 아이들이 받는 스트레스를 줄여주기 위해 노력한다. 아이들에게 적절한 휴식과 여가 시간을 할애한다.

* Changes(변화)

많은 변화가 교대 시간을 보내고 있는 아이들의 삶을 채운다. 아이들이 기대한 방향으로 삶이 흘러가지 않고 있다. 현재 그들은 가정이라고 불리는 곳이 두 군데나 된다. 엄마와 아빠는 새로운 삶을, 어쩌면 새롭게 사랑하는 사람과 함께 살아간다.

아이들이 부모를 당황스럽게 만들지 않으면서도 자신의 아픔을 어떻게 표현할 수 있을까?

만일에 엄마가 나를 만나는 것을 더 이상 원하지 않는다면 어떻게 하나?

WE CARE라고 말하는 부모는 아이들의 삶에서 발생하는 변화들이 가져오는 아픔에 보다 민감하다.

* Absence(부재)

부재는 교대 시간을 보내고 있는 아이들이 겪는 핵심적인 경험이다. 즉 그들이 부모 중 한쪽을 만나고 있을 때, 다른 한쪽 부모로부터는 멀어지는 셈이다. 물론, 양쪽 부모가 협조한다면 드물게 예외일 경우가 있기는 하다. 그러나 그들은 계속 반복해서 "안녕! 다음에 또 봐요!"라는 말을 해야만 한다. WE CARE라고 말하는 부모는 아이들을 위해서 함께하며 함께 있지 못하는 다른 부모에 대해 느끼는 그들의 그리움을 이해한다.

＊ Relationships(관계)

부모 양쪽과의 관계는 아이들의 행복을 위해서 매우 중요하다. 부모 양쪽과의 좋은 관계는 아이들에게는 이 세상의 그 무엇을 다 준다 해도 바꿀 수 없는 것이다. 위험하거나 가정을 내버려 두는 부모의 경우처럼, 그러한 좋은 관계 역시 항상 가능한 것은 아니지만, 아이들은 자기를 사랑하는 아빠와 엄마와 함께 있기를 마음속으로 간절히 바라고 있다. 부모가 이혼을 하면, 아이들의 삶 속에 존재하는 다른 관계들 역시 바뀌기 마련이다. 즉 같은 반 친구들, 팀메이트, 이웃 친구들 그리고 친가와 외가의 모든 친척 등의 관계들도 변할 것이다.

아이들을 돌보는 부모가 된다는 것은 그들이 관심을 가지고 있던 사람들과의 관계를 지속할 수 있도록 도와주는 노력을 하는 것을 의미한다. 우리는 아이들이 관계를 가치 있게 여길 수 있도록 가르치는데, 그렇게 함으로써 부모와의 관계도 돈독해질 수 있게 될 것이다. WE CARE라고 말하는 부모는 긍정적인 관계를 위한 모델이 되는 것이다.

* Ease(완화시킴)

아이들이 교대 시간을 가지면서 경험하는 스트레스를 줄여주고자 노력하는 것은 우리가 그들을 돌보고 있음을 아이들에게 보여주는 것이다. WE CARE라고 말하는 부모는 지속적으로 아이들에게 그들을 돌보고 있다는 것을 보여주는 새로운 방법을 찾는다.

이혼한 부모가 WE CARE에서 말한 방법으로 살아가는 것은 아이들로 하여금 자신들이 사랑받고 있으며 이해받고 있다는 것을 느끼도록 해 준다. 나의 친구 중 한 명은 이러한 사실을 아주 훌륭하게 보여주었다.

우리는 미국 독립기념일 파티를 위해 한자리에 모였다. 다양한 게임과 음식이 있었으며, 해리와 그의 아들인 재이슨은 로데오, 골프 그리고 수영을 즐겼다. 그러던 중 재이슨이 엄마를 만나러 가기 위해 그만 떠나야 하는 시간이 되었다. 엄마와 외할머니와 함께 르네상스

박람회에 가기로 했기 때문이다.

나는 그가 해리에게 "아빠, 나는 정말 수영을 좀 더 하고 싶어요"라고 말하는 것을 들었다. 파티는 아직 한창 진행 중이었는데, 나는 재이슨이 여기에 더 남아 있고는 싶은 반면에, 엄마와도 함께 있고 싶어하는 두 개의 상반된 감정이 충돌하고 있는 것을 보았다. 이때 해리는 "그래, 그럼 박람회가 끝나면 나에게 전화하렴. 내가 가서 너를 데려오면 되지. 그럼 수영을 더 할 수 있을 거야"라고 말하는 것이었다.

나중에 재이슨은 다시 전화했으며 해리는 기쁜 마음으로 왕복 40분 거리를 다시 한 번 운전하였다. 재이슨이 다시 수영장으로 돌아왔을 때 그의 얼굴은 웃음으로 가득 차 있었다. 나는 아들에게 관계라는 선물을 준 아빠를 직접 목격할 수 있어서 너무 고마웠다. 아들에게 보여준 그의 모든 행동은 그가 WE CARE 정신을 가지고 있음을 뜻하는 것이었다.

부모로서 "WE CARE"라고 말하자

이 책에 담긴 아이들의 진실한 이야기들을 읽고, 그 아이들의 관점에서 그들을 더 이해하고 귀기울일 수 있기를 희망한다. 그리고 교대 시간을 보내고 있는 아이들의 스트레스를 줄여줄 수 있기를 바란다. 이 일은 우리가 매일 WE CARE를 말하며 실천할 때 이루어진다.

시간은
기다리는 사람들에게는 너무 느리고,
두려워하는 사람들에게는 너무 빠르며,
슬퍼하는 사람들에게는 너무나 길고,
즐거워하는 사람들에게는 너무 짧다.
그러나 사랑하는 사람들에게
시간은 너무 느리거나, 빠르거나, 길거나, 짧지 않다.

– 헨리 반 다이크(Henry Van Dyke)
"For Katrina's Sun-Dial"

The Switching Hour
Kids of Divorce Say Good-bye Again

아빠, 엄마 너무 힘들어요!

The Switching Hour: Kids of Divorce Say Good-bye Again

2016년 12월 30일 초판 발행

지 은 이		에번 O. 플레스버그
옮 긴 이		장보철

편 집		이종만, 전희정
디 자 인		이수정, 서민정
펴 낸 곳		사)기독교문서선교회
등 록		제21-173호(1990. 7. 2)
주 소		서울시 서초구 방배로 68
전 화		02) 586-8761~3(본사) 031) 942-8761(영업부)
팩 스		02) 523-0131(본사) 031) 942-8763(영업부)
홈페이지		www.clcbook.com
이 메 일		clckor@gmail.com
온 라 인		기업은행 073-073466-01-010 예금주: 개혁주의신학사

ISBN 978-89-341-1601-1 (03230)

* 낙장·파본은 교환해 드립니다.

이 도서의 국립중앙도서관 출판시 도서목록(CIP)은 서지정보유통지원시스템 홈페이지 (http://seoji.nl.go.kr)와 국가자료공동목록시스템(http://www.nl.go.kr/kolisnet)에서 이용 하실 수 있습니다.
(CIP제어번호: CIP2016027538)